爸爸去哪儿

格桑 著

一次没有妈妈的旅行

中国华侨出版社

宝贝们问，爸爸，明天我们去哪里？

我说，

我们去捉萤火虫，去开垦荒地。

去将长短不一的篱笆，刷上色彩鲜艳的油漆。

我们去山坡放羊，还开着拖拉机去赶集。

我们去海边看日出、捡贝壳，去堆沙子到天明。

我们去草原住蒙古包，去骑马看星星。

我们去沙漠露营，听沙尘暴疯狂地拍打帐篷的声音。

宝贝们，

不管明天我们去哪里，爸爸永远都和你们在一起。

第一站

爸爸，农村为什么是这样的

第二站

爸爸，山里的乐趣真是多

第三站

爸爸，海风在笑海鸥在唱

第四站

爸爸，我们和草原有个约定

第五站

爸爸，沙漠驼铃响叮当

第一站

**爸爸，
农村为什么是这样的**

1 谁把房子的眉毛画歪了？

经过两个多小时的长途跋涉，我和我的两个小宝贝，8岁的儿子涵奕和5岁的女儿梅多，终于来到了华北平原深处的这个小村庄。

汽车刚一停下，宝贝们就迫不及待地跳下车，好奇地打量着周围的一切。石井、古槐、泥墙，好新奇的世界。

湛碧的蓝天，飘过洁白的云朵，阳光从槐树茂密的枝叶间漏下来，在黑色的泥土地上，筛下斑驳的碎影，空气中飘荡着怡人的清香。

在来这里之前，宝贝们对农村的印象，还仅仅停留在电视和书籍之中，很是模糊、片面和虚幻。我希望宝贝们能亲自去接触这个大千世界，去感悟大自然的每一种赠予，去体验真实的人生百态。第一站，我选择了农村。

到达这个小村庄之前，我已与村中的朋友王大哥取得联系，嘱托他一切从简，帮我们找一个简单的住处就好了。宝贝们需要的是真切的乡土感受，而不是面面俱到的安排和供给。

王大哥匆匆赶了过来，汗水从他黝黑的脸庞淌下来。他给我们带来了食物和生活必需品。

王大哥热情地与宝贝们问好。宝贝们盯着他的脸庞，虽然有点惊诧，但仍然礼貌地给了回复。

王大哥帮我们找到的住所，位于村庄的边缘，是小河边上一座被翠绿庄稼遮掩的破旧的农家小院。

农村生活条件差，生活艰苦，村民一年到头辛辛苦苦，往往也挣不到什么钱。所以，这些年，村子里绝大部分的青年都外出打工了。原本三四百口人的村庄，如今连五十人都不到，且留下来的大都是老弱病残。大量的房屋，也因此被闲置下来。

据说，我们住的那个小院是村长侄子七八年前翻修的老宅。

我知道王大哥还忙着，便取了房门钥匙，表示自己和宝贝们去找房子。

我将房门钥匙递到涵奕手中，然后郑重地对他说："爸爸现在要交给你一个重大任务，你有信心完成吗？"

涵奕很配合地立正站好，表情严肃地对我说："爸爸请吩咐，涵奕保证一定胜利完成。"

我嘱咐道："这是我们住所的钥匙，你可一定要保管好。"

涵奕信心十足地点点头，将钥匙收进了贴身的衣兜。

梅多望着我，不满地说："爸爸，你怎么不给我安排任务呢？我也长大了呀。"

我拉着梅多的手说："先不急，等会爸爸还有更重要的任务交给你完成呢。走，咱们先看看房子去。"

一路上，到处都是翠绿的植被，悦耳的鸟鸣。被城市生活束缚了手脚的宝贝们，在大自然面前，仿佛脱笼的小鸟，变得手舞足蹈起来。

涵奕在前面跑，梅多在后面追逐。他们一会停下来看看路边的野花，一会蹲下来摸摸田里的庄稼，手脚一刻也歇不住。

宝贝们背着书包在前面蹦蹦跳跳地走着，我拖着大行李箱跟在他们的身后。看着宝贝们自由快乐的样子，我的心中充满了喜悦。

这是一次独属于宝贝们自己的旅行，他们是天空的小鸟，也是地头的庄稼，他们是自由的，独立的，我要把他们放归大自然，让他们尽情发挥自己的天性。

走着走着，梅多忽然指着一处房子上黑乎乎的一片，惊讶地

对我说："爸爸，你快看啊，那个屋子上黑乎乎的，像不像妈妈描的眉呀？就是不知道是谁，把房子的眉毛画歪了？"

梅多3岁起便在我和妻子的配合下，开始自己阅读。她对色彩斑斓的童话书，一直爱不释手，因此她的想象力也特别丰富。

我望着梅多红扑扑的脸蛋，思索着如何给她满意的回答。

"那黑黑的一片啊，不是你妈妈的眉毛，而是房屋的眉毛。那一连片黑色的，像鱼鳞一样的东西，叫黛瓦，是农民伯伯盖房子使用的材料，能挡风遮雨呢。你站这边看，那两个窗户，像不像屋子的眼睛？你再看看，那个红色的门，像屋子的鼻子，还是嘴巴呢？"我指着前面的屋子说。

梅多向我跟前靠了靠，说，"爸爸，你说的可真像，那黑色的像眉毛。那么，那个红色的门，就是屋子的鼻子。"

梅多的话音刚落，涵奕已经忍不住了："才不是呢，妈妈的眉毛是细的，长的，像柳树枝，画得漂亮极了。哪像这黑乎乎的，简直跟大灰狼的尾巴差不多。"

涵奕的话说得形象而生动，让我也差点笑出声来，不过我还是忍住了。

我一手拉着梅多，一手拉着涵奕，边走边说："你们两个说的都没有错。妹妹说的是瓦片的颜色，灰灰的，跟你妈妈画的眉毛的颜色差不多。哥哥说的呢，是眉毛的形状，细长细长的，跟路边柳树的叶子一个模样，所以看起来很漂亮。现在呢，就去看看我们的房子长得有多漂亮。"

　　我接触过一些家长朋友，有人经常向我抱怨："你们家宝贝的脑袋是怎么长的呀，怎么那么会想呢？"其实，他们不知道，每个宝贝天生就有很好的想象力，只是被我们有意、无意间忽视或扼杀了。所以，不管宝贝提出什么样离奇古怪的问题，爸爸妈妈都不应该嗤笑，而应加以鼓励和引导。因为宝贝的大脑蕴含着无尽的宝藏，说不定哪天他们的设想就会转变成伟大的现实。

　　我们一生中想象力最为丰富的时期，就是孩童时期。这个期间，人的好奇心特别强，看见什么东西都想摸摸弄弄，看到什么新奇的东西都想问个究竟。爸爸妈妈应该多给宝贝们讲带有启发意义的故事，陪宝贝们去动物园，去旅行，去亲近大自然，能够极大地激发他们的想象力。

　　所以，无论是在家，还是旅行，我经常跟宝贝们一起阅读童话（故事）书，陪他们一起绘画，玩各种各样的游戏。这些都是开发和培养宝贝想象力的好办法。阅读能够扩大宝贝们的词汇量，图像则能增强宝贝们对世界的认知，而游戏则能加深宝贝们的体验。

2 打草惊 "蚊"

眼看就快到我们要借住的农家院了，为了避免宝贝们对简陋的环境过于排斥，我决定先跟宝贝们"沟通"一下。

我把在前头跑跳的宝贝们叫住，故意做了个夸张的动作，说："我们上次讲的白雪公主的故事，大家还记得吗？"

宝贝们点点头，好奇地望着我。

我接着说："白雪公主有她的城堡，这两天，我们也会有自己的城堡喔。"

梅多喜欢白雪公主，平常在家的时候，就总喜欢搭建自己的小窝。因此，听我提到城堡，梅多显然很开心，她手舞足蹈着，要我赶紧带她去看看"城堡"长的什么模样。

我没有立即答应梅多的请求，而是让宝贝们先想想"城堡"会是什么样子。

梅多说："爸爸，我们的城堡里面要有永远不会落的月亮，有骑马的战士，有吹长琴的乐手，还有会跳舞的豌豆和小公主。"

涵奕撇撇嘴："我看这村庄好破旧，怎么会有漂亮的城堡呢？爸爸，我不喜欢住这里。"

我没有直接回答涵奕的疑问。我慢慢蹲下来，把梅多和涵奕拉在一起，然后装作十分为难的样子说："爸爸现在遇到一个麻烦事呢，需要大家帮忙出个主意。"

涵奕和梅多立马关切地问："爸爸，你遇到什么麻烦了？"

我知道自己的方法奏效了，便接着说："爸爸现在要带你们去一个地方玩，这个地方呢，能够捉很多的萤火虫，可以装在瓶子里，一闪一闪地像灯笼；还可以躺在柔软的吊床上，一边吃西瓜一边看天上的星星。但是爸爸可能只能带一个人去，记住了，只有一个名额喔，你们说爸爸该怎么办呢？"

我的话还没说话，梅多和涵奕便明白了我的意思，同时兴奋地叫起来："爸爸，我要去，我要捉萤火虫！我要看星星！"

望着宝贝们一脸的兴致勃勃，我知道"初战告捷"了。

转眼就到了我们的"城堡"前。

由于长时间没有住人，屋子前的蒿草已经没过了脚踝，有的甚至已经超过了膝盖。我让宝贝们先在院门外的大树下等待，暂时不要跟过来。

我环顾四周，在院子的墙边上发现了一根长长的树枝，于是便走过去捡了起来。

涵奕看到了，大声叫道："爸爸，你拿树枝干什么，还骑马吗？"

梅多也在后面跟过来，兴奋地叫着："爸爸，我也要骑马。"

我噗嗤一声笑出来，转身摆摆手，并做了个停止的动作，制止宝贝们跟上前来。

涵奕一看到我拿树枝就误以为要骑马，这是有由来的。

有一次，我在家里陪涵奕一起看电视。当时播放的是一个草原上的赛马节目，精彩的赛马场景让涵奕深受震撼。于是，涵奕便闹着说自己也要做英雄，要我也带他去骑马。

在北京这个两千万人口的大城市里，想看看马都要开车跑很远的路，去动物园才行。更别说去赛马场，看真正的赛马了。最主要的是，他年纪小小，马背都跨不上去呢，就更别说骑了。我不能打击涵奕的热情，可一时半会儿也没好的解决办法。

这个时候，在一旁整理衣服的妻子看到了，不声不响地跑到阳台上，拿了一个拖把走过来。

涵奕一看妈妈这阵势，以为是他的吵闹惹妈妈生气，要揍他了，赶紧往我身后躲。

我一时没反应过来，一脸狐疑。妻子见我这样子，却"扑哧"一声笑了起来。我一下子明白过来，妻子原来是找拖把给涵奕当马骑的啊。

于是，我拉起涵奕的手，很慷慨地说："爸爸今天就带你骑马去。"

妻子给我递了一个眼神，配合着说："是的，我家涵奕很勇敢，你爸爸今天就陪你去骑马，骑旋转木马好吗？"

我知道妻子借故整我，可事已至此，也只得笑着，拉了拖把置于胯下，然后带着涵奕，在屋子里转起圈来。

涵奕拉着我的衣角，开心地笑起来。而妻子趁机给涵奕讲起了"青梅竹马"的故事，我则配合着吟出了李白的《长干行》："郎骑竹马来，绕床弄青梅。同居长干里，两小无嫌猜。"

自此之后，家中的拖把就成了涵奕和梅多的木马。一有时间，两人就跨着拖把，满屋子疯起来。

尽管不知所以然，但宝贝们看到我制止他们上前的动作后，还是很配合地停止了脚步和说笑。

他们一脸好奇地看着我。

我拿着树枝，在甬道旁的杂草丛中猛抽了几下。

树枝刚刚抽下去，就听"轰"的一声响，一大群黑色的蚊子

和蠓虫飞了起来。

梅多吃惊地大叫："爸爸，那是什么呀？怎么这么多，好吓人呀！"

我一边甩着树枝，一边告诉宝贝们，农村由于灌木丛和荒草多，容易滋生蚊虫。所以在遇到杂草丛的时候，我们要小心。

然后，我提醒说："还记不记得上次我给你们讲的一个成语，叫打什么惊什么呢？"

梅多挠了挠头说："爸爸，是不是叫'打草惊蛇'啊？"

梅多话音刚落，显然被自己刚才的话语吓了一大跳，她声音颤抖着说："爸爸，这里会不会有蛇呀？我们快走吧。"

我安慰梅多："这里的草丛不够深，一般情况下，是不会有蛇的。但不管做什么事情，我们还是小心为妙，对不对？不过，有爸爸在呢，你看，我们现在不是在'打草惊蛇'吗？"

涵奕插嘴说："爸爸，不对，我们是'打草惊蚊'，不是'打草惊蛇'。"

我说："对，准确地说，我们是在'打草惊蚊'，但要是有蛇呀，也早就被爸爸的棍子打跑了。"

一群一群黑色的蚊虫都飞没了。我转过身，望着涵奕说："作为一个男子汉，看到这些蚊子，我们怕不怕呢？"

涵奕看着我，很坚定地说："爸爸，我不怕！"然后他在空中挥起了拳头。

我拍掉手上的草沫，问梅多："哥哥说遇到什么都不怕，那么妹妹呢，会怕吗？"

梅多抬头看了看我，有点不好意思地躲进我的怀里："爸爸，我也不怕了。"

涵奕马上插话："你不怕，怎么还躲到爸爸怀里呀？我看你分明就是怕了呢。"

梅多听哥哥这么说，脸一下子憋红了，她急急分辩说："爸爸，你看哥哥。我不怕，可我讨厌蚊子。哼，人家是讨厌，又不是怕。"

我将梅多和涵奕拉进怀里，慈祥地说："你们都是爸爸的好宝贝，你们兄妹两个都很勇敢。涵奕长大了要做一个英雄汉，这点小蚊子，算什么呀。"

我拿眼光征询涵奕的意见，小家伙看着我，脸上露出了得意的笑容。

我接着说："蚊子是害虫，传播疾病，当然大家都讨厌了。我们不仅讨厌，而且还要消灭它们。"我拉起梅多的手说，"你说对不对呢，我们可爱的梅多公主？你有什么好办法，可以消灭掉可恶的蚊子呢？"

"爸爸，我们可以用灭蚊剂、花露水。"梅多望着我，希望得到我肯定的支持。

我没有下结论，只是示意梅多继续说下去。

梅多又提到了用火烧，用水淹，用吹风机吹，甚至还要用妈妈的香水呛死它们。天才的思维，让我惊诧，他们美丽的小脑袋，时刻都有着层出不穷的奇妙的想法。他们是我的宝贝，也是我一生的骄傲。

我放下行囊，一边掏花露水，一边问宝贝们："这次'打草惊蛇'的事情告诉我们，在一个不熟悉的新环境容易遇到危险，遇到危险的时候，我们该怎么办呢？"

涵奕说："我是男子汉，当然要胆子大了。"

梅多说："哥哥说得不对，妈妈说的，我们要小心一点好。"

我笑了，看看梅多，又看看涵奕说，"我们把大家的建议综合起来好不好？在新环境下，我们既要胆大，不惧任何困难，又要小心谨慎。这样是不是更好呢？"

梅多乐起来："还是爸爸厉害。爸爸，我好爱你啊。"

我抱起梅多，在她的脸蛋上轻轻亲了一口："我的小宝贝，爸爸也永远爱你们。"

不知何时，涵奕已经将我手中的花露水拿去，正在认真地给妹妹涂抹着。阳光从树叶的间隙落下来，打在宝贝的脸上，毛绒绒的。

我突然很感动，鼻子里有了一股酸。我的涵奕宝贝已经长大了，真的懂事了。

我将涵奕搂在怀里，心疼地问："累吗？你今天表现得很棒，值得表扬。"

我又提示梅多："哥哥帮你涂完了，你呢，你会怎么办？"

"我也要帮哥哥涂。"梅多突然扑过来搂着我的脖子说，"爸爸，等会我也来给你涂吧。涂上花露水，蚊子就不会咬我们了。"她的小嘴一嘟一嘟的，甜美稚嫩的童声，让我心里溢出了美美的希望。

爸爸心语

我小时候，每当和几个表兄妹争夺玩具或者食物时，姥姥总是会说她还有更好的玩具和食物呢，只有听话的宝贝才有份，我们便不再吵闹了。姥姥这种转移注意力的方法，在面对不止一个孩子的时候，屡试不爽。我拿来活学活用，没想到还真有效果。

日本的教科书里写道："没有对手和较量，没有危机和竞争，任何事物都会因松懈而倦怠。"相对的、健康而良性的竞争，可以激发宝贝们的好胜心，某一程度也可以加强宝贝们的自控力。

　　我一向认为，被中国传统文化浸淫的宝贝，才是最优雅最有教养的宝贝。所以，在宝贝们还很小的时候，我就开始带领他们背诵一些诗词。我一直把背诵传统经典，作为一个好玩的事情，从不给宝贝们压力。并且，我一般都会采取因势利导的方式来吸引宝贝们的兴趣，就像在骑竹马游戏中引入《长干行》一样。一来二去，宝贝们都慢慢喜欢上了，每天晚上，宝贝们都会缠着我讲故事，尤其是梅多，每次都是伴随着故事睡去。

　　大量的朗读和背诵是学习古诗词最经典的方法，这是我国传统的语文教学方法，这个方法最简单，也最有效。爸爸妈妈应珍惜这个时期，有效引导宝贝学习中国传统文化，培养宝贝学习古诗词的兴趣，要让他们把学习和朗诵古诗词当作一种享受，一种乐趣。这对以后的学习，有着很大的帮助。

　　现在，8岁的涵奕已经能够将李白的《长干行》完整地背下来，梅多也能吟得好多诗词。他们是我最大的骄傲。

3 我们的星光晚宴

　　斑驳的木门，破旧的老锁，呈现在宝贝们眼前的，是一座特别的"城堡"。

　　涵奕将房门钥匙交给我。我用钥匙打开老锁，"吱咛"一声推开门，室外的阳光也跟着我们涌进来。我放下行李，和宝贝们一起打量起眼前的屋子。

　　由于长时间没人居住，屋子显得异常的冷清。放眼望去，除了一张桌子、两把竹编的椅子、一张木床、一床竹席和一床显然是刚刚置放的毯子外，似乎再也没有其他的陈设。

　　涵奕在屋子内四处走动。他查看了一圈后，突然问我："爸爸，这就是你说的'城堡'啊？哈哈，怎么连电视机都没有看到啊？"

　　梅多也说："是啊，哥哥，我也没有找到我的玩具和笨笨熊呢。"

两个宝贝的语气里明显流露出失望的气息。

我安慰说："我们今天来这里呀，就是要过一个特殊的假期，爸爸将和你们一起来体验一次独特的农村生活。现在，大家一起动手，先打扫一下我们'城堡'的卫生好不好？"

涵奕显然有些不情愿，但还是很快跑过来，动手帮我收拾起来。

我们决定先用抹布将桌子和椅子擦拭一遍。

梅多还在屋子里好奇地打量着。

突然她大叫一声："哥哥，快来看，你看这是什么啊？"

涵奕丢下抹布，跑过去看究竟。然后唤我："爸爸，你来看，是不是蜘蛛侠跑这里来了？"

我转身，看见宝贝们围在窗台前。原来，梅多在窗台上发现了一盏破旧的马灯。

常年生活在城市里的宝贝，自然不曾见过这样的老古董。就是农村，这样的马灯也不多见了。

梅多问我："爸爸，那是什么呀，怎么长成这样怪怪的样子呢？"

涵奕也在边上嚷："爸爸，爸爸，我要玩，我喜欢这个蜘蛛侠。"

我将马灯取下来，晃了晃，让人惊奇的是，里面居然还有液体。不会是煤油吧，我想。我将马灯放在地上，两个宝贝好奇地围拢过来，问东问西。

我对他们讲马灯是农村以前常用的照明工具，就像我们城市使用的电灯、路灯。梅多又问："爸爸，那就是灯呢，怎么叫马灯啊，是不是马的灯啊？"梅多说完，自个儿先笑了起来。涵奕也跟着笑起来。

我没有笑，我用眼神鼓励梅多："你说得很棒，就是给马用的灯呢。以前呀，农民伯伯家里养有马匹，晚上马儿要吃草，农民伯伯呀就提着它去给马儿喂草。灯就挂在马厩边的柱子上，马吃着草，灯一摇一摇的，所以就叫马灯呢。"

听我如此讲述，梅多便说："爸爸，这个好好玩，今晚我们就用马灯吧。"

"好。"

这时涵奕突然来了一句："我们用马灯干吗呀？也学马儿吃草啊？"涵奕一边说一边做了个往嘴里扒饭的动作，说完自己先笑了起来。

"哈哈。"梅多也被逗乐了，然后大家一起哈哈大笑起来。

当远处的村舍升起炊烟，放羊的村民赶着羊群归来的时候，我们也开始准备晚餐了。

晚餐相当简单。屋子的一角，有王大哥给我们准备的蔬菜，有菠菜、黄瓜和茄子。主食是馒头。

屋子里有简单的炊具，足堪使用，唯一不便的是用水。农村里没有自来水，所需生活用水，都是从农民自制的压井机抽取的。

压井机位于院子的一角，是活塞式的装置。宝贝们对这个特殊的玩意很感兴趣。梅多扶着压杆，我和涵奕一起用力先将水灌进去，然后慢慢地压下去，水便哗哗地流了出来。

涵奕好奇地问我："爸爸，我们只灌进去一点点水，怎么一下子就出来这么多呀？"

我解释说："压井机就是利用外界大气压把水压上来的，当我们向上提升拉杆的时候呀，罐桶下面的水便形成了真空，于是，外面的大气压就把地下的水压了上来。"

涵奕又问："爸爸，那我们倒水进去做什么啊？"

宝贝们的问题一个接着一个，我倒有些招架不住了。尽管如此，我还是尽自己所能，详细地为宝贝们解答心中的疑问。

用压井机取一盆水，不停地提升压杆，需要一阵子的工夫。与城市便利的自来水相比，自然是挺辛苦的。所以刚开始，宝贝们还觉得挺好玩，但连续打了几盘水后，宝贝们已显吃力。

涵奕一边压一边呼哧呼哧问我："爸爸，这个还挺费劲的呢。"

我回应说："那是肯定的，所以呀，每一份劳动成果，我们都要学会去珍惜。"

水提取之后，我们便分工协作起来。

梅多喜欢水，也心细，我便安排她洗菜。小丫头很是乐意，她搬来椅子，便认认真真地洗起来。

涵奕好动，我便安排他去院外找柴火。这个村庄用燃气的人家不多，所以平时做饭，大都用田里的秸秆和干枯的树枝做燃料。

太阳下山以后，屋子里便显得影影绰绰，看不清楚。而且灶台的地方也有些狭窄，于是我便决定，将灶台移到屋外去，就在院子里做饭。

我把宝贝们召集起来说："今天咱们将会度过一个美妙的夜晚。我决定将我们的晚宴移到院子中去，大家一起动手，来一次星光晚宴，好不好？"

"太棒了！星光晚宴，听都没听说过呢。"梅多和涵奕高兴地跳起来。

我们找来砖头，很快便在院子里支起了灶台。涵奕烧火，我掌锅，梅多暂不作安排。

刚开始，柴火放进锅底，只有一点点火苗。涵奕急了，我也急了，于是两个人便一起趴下来，对着锅底使劲地吹气。结果，火腾地一下燃起来了，草木灰也把我们俩搞成了大花脸。梅多在旁边看到了，笑得合不拢嘴。

我们的晚餐就在这样的磕磕绊绊中困难烹煮着。

太阳终于落下了山坡，暮色将村舍淹没。经过一个小时的折腾，宝贝们童稚的脸庞挂满了晶莹的汗滴，一顿丰盛的晚餐终于做成了。我们围在灶台前，开始共进晚餐。

自己辛苦做出来的饭菜特别香，我和宝贝们都吃得津津有味的。

我一边给宝贝们夹菜，一边问涵奕："我们今晚的星光晚餐怎么样，味道还不错吧？"

涵奕大声地嚷着："爸爸，太棒了，下次我还要跟你来。"

天空不知道何时已现出寥落的星辰。

吃完晚餐的梅多钻进我的怀里，摇着脑袋唱了起来："一闪一闪亮晶晶，满天都是小星星……"

满天的星星，宛如孩童纯真的眼睛，一眨一眨地，即便在黝黑的夜幕中，亦闪烁出熠熠的光芒。

爸爸妈妈要随时和宝贝保持心灵上的沟通。要真正走进宝贝的心里，和宝贝对话，做宝贝最亲密的朋友。英国教育家斯宾塞说："宝贝在想什么？面临怎样的问题？宝贝的内心世界就像一个藏满秘密的盒子。在这个盒子里，有动物，有人物，有梦境，有情绪，杂乱无章地塞在里面。如果不经常打开来看看，有一天当你不经意地打开时，也许会从里面跑出来一只老鼠，吓你一大跳。"

爸爸妈妈要充分信任宝贝们，尊重他们的自主性、独立性，学会只当顾问，不替宝贝们做决定。可以协助他们分析发生的事情，引导宝贝们想出解决的办法。要放下家长的架子，将宝贝们看成自己的朋友，平等、诚恳地倾听宝贝们的意见和感受，尊重他们的判断和选择。要善于发现宝贝们的优点，及时给予他们肯定和鼓励，这样会有助于宝贝们在成就的喜悦中，不断地追求上进。

而且，爸爸妈妈不仅要在物质上关心帮助宝贝，更要在精神上关心宝贝，要了解他们的思想动态、兴趣爱好，理解并支持他们的选择和追求。同时要注意，在爸爸妈妈感情好、彼此尊重的家庭氛围中，宝贝容易获得爱和尊重的情感陶冶，这些非常有利于他们心情愉快、心理健康地发展。

4 马灯 故事会

收拾好餐具，我跟宝贝们一起返回屋子。房间已经昏暗得仅剩窗户投进的微弱星光。

涵奕打着手电筒，去找电灯的开关。黑暗中，我拉着梅多的手，跟走在前面的涵奕逗笑说："涵奕，今晚呢，我们不开电灯，只点马灯，过一个特别的夜晚，好不好呢？"

涵奕还在自顾自地满屋子找电灯的开关呢，梅多却抢先接上了话头："好啊，爸爸。我喜欢那盏马灯。"

"刚刚我们进行了美妙的星光晚宴，现在呢，我们就要进行下一个节目。"我问梅多，"猜猜节目叫什么名字？"

梅多拉着我的手臂催促道："爸爸，你快说吧，我们都快等不及了。"

"接下来，我们就进行一场'马灯夜话'——不对，是'马灯故事会'的节目，好不好？"我公布答案。

宝贝们对我的提议都非常支持。

屋子里陈设本就简陋，这会儿天黑了，更显得不方便了。

我原本怕天黑，加上如此简陋的条件，会让宝贝们更加想念城市，想念妈妈。涵奕年纪大，我倒不担心，我担心的主要是梅多。

然而，让我万万没有想到的是，一盏马灯，就让梅多把城市、把妈妈忘到九霄云外去了。

我伸手将窗台上的马灯取下来，用打火机去点火，一下子就点着了。没想到这个老古董不仅中看，而且还挺中用。

马灯亮了起来。这黑暗中的一点灯火，一下子就消散了笼罩在我们心头的孤单和寂寞。我又将蚊香点燃，檀香悠悠，屋外的溽热仿佛在一点点消退。

我和宝贝们围坐在床板上，轮流讲故事。我们一起讲季子悬剑，讲尾生抱柱，讲不食周粟，讲范式之魂，讲草船借箭等等。前面的四个故事，是我每次讲故事时都必不可少的项目，时间久了，故事的大概，宝贝们基本上都记下来了。

后来，宝贝们又给我讲他们学过的课文，讲他们在校园听到的故事。

我们讲着讲着，一只飞蛾扑过来，在马灯的灯芯上飞来飞去，昏黄的烛火被它扑扇得左右摇曳。我触景生情，立即指着眼前的飞蛾对宝贝们说："爸爸今天要考考你们，还记不得我们学过的一个成语，叫什么呢？"

梅多抢了先，她高高地举起小手，说："爸爸，叫飞蛾扑火，对不对？"

我点点头，梅多高兴得合不拢嘴。

我望着还在沉思的涵奕，接着问："飞蛾扑火，那接下来的结果会是什么样呢？涵奕你说说。"

我的话音刚落，涵奕就晃着脑袋叫起来："飞蛾扑火，当然是自取灭亡了。"

这个时候，我们的目光，都不约而同地投向了眼前舞动的飞蛾。它依然扑扇着翅膀，在灯前穿梭不休。宛如一个虚幻的梦境，变得越来越不真切。

在遥远的村庄，在黑暗的屋子里，我们父子三人就这样默默地静坐着，有一阵子不说话。这样默契而温馨的画面，是这么多年的城市生活中，从未出现过的。

果然不出所料。没过多久，只听"啪"的一声，飞蛾扑向了马灯，然后摔落在地。灯也灭了，屋子里一下黑暗起来。

梅多拉紧我的手，急促地叫道："爸爸，爸爸，黑了，黑了，怎么办？"

我将梅多的小手攥在掌心，一边安慰梅多不要怕，一边去摸索打火机。

忽然涵奕在黑暗中说话了："爸爸，你不是给我们讲过'囊萤映雪'的故事吗？我们不如也去找几只萤火虫，来当灯笼吧。"

元代贾仲名的《萧淑兰》里，记载有这样一个故事：

晋代的车胤，从小非常好学，但因家境贫困，父亲无钱买灯油供他晚上读书。为此，车胤只能利用白天的时间背诵诗文。

夏天的一个晚上，车胤正在院子里背诵白天背过的诗文，忽然看见许多萤火虫在低空飞舞。一闪一闪的光点，在黑暗中显得十分耀眼。车胤想，把这些光集中在一起是不是就很亮了？于是便去捉了许多萤火虫，然后将它们放进口袋里吊起来。虽然不怎么明亮，但却可以勉强看书了。由于他勤学苦练，后来终于做了职位很高的官。

晋代的孙康的情况也类似这样。由于没钱买灯油，晚上不能看书，只能早早睡觉。他觉得让时间这样白白跑掉，非常可惜。

一天半夜，他从睡梦中醒来，发现窗缝里透进一丝光亮。原来，那是大雪映出来的。孙康立即穿好衣服，取出书籍，来到屋外。宽阔的大地上映出的雪光，比屋里要亮多了。孙康不顾寒冷，立即看起书来。手脚冻僵了，就起身运动一下。从此以后，每逢有雪的晚上，他就会趁机好好读书。后来，他成为了饱学之士。

没想到，涵奕还记得这个典故，并能活学活用。

我将马灯点燃，看了看表，见时间还不算晚，就说："今晚只要你和妹妹将'囊萤映雪'的故事完整地讲给爸爸听，爸爸就带你们去捉萤火虫。涵奕讲'囊萤'，梅多讲'映雪'，好不好？"

"囊萤"的故事，涵奕讲述得倒是顺利；轮到梅多讲"映雪"的故事的时候，就有些不太连贯了。

我在边上安慰梅多："慢慢讲。"

涵奕却着了急，他不停地给妹妹做提示："就是下雪了，孙康看见外面很亮，然后就起床拿起书看起来。"

在哥哥的提示下，梅多终于也顺利地讲完了故事。

"走喽，捉萤火虫去喽。"

我遵守承诺，带着宝贝们准备出门去捉萤火虫。

宝贝们的行为准则和做事方法，大多是在耳濡目染、潜移默化中生成的。而且，有些品性的形成，不只需要用十天半月，有时会需要十年，甚至一生的时间。所以，爸爸妈妈要以身作则，树立榜样，要做宝贝一生的"引路人"。死板的教科书，特别是品德教育书，就像空头支票，不过是隔靴搔痒，鲜有功效。

一些家长总以为教给宝贝的知识越多越好，让宝贝一味地死记硬背，而忘记了教育宝贝最终的目的。其实，我们不但要教宝贝们读书识字，更要引导宝贝们在生活中将学到的知识灵活运用。与其囫囵吞枣一百本书，还不如认认真真地消化掉一本。爸爸妈妈可根据宝贝不同阶段的识字量及兴趣，设计不同的场景和游戏，帮助宝贝巩固所学的知识。

5 萤火虫打灯笼

涵奕打着手电筒开路，梅多和我殿后。在夜色的掩护下，我和我的两个宝贝组成的捉萤火虫小分队，向着屋后的田埂出发了。

田埂临着小河，我们来屋子时曾经从那走过，也算轻车熟路。田埂边有腐败的荒草。据说，萤火虫就是由腐败的枯草幻化的。

一路上都是郁郁葱葱的玉米，整齐划一的芝麻，不远处则是村子里亮起的点点灯火。不时有零星的光点，一闪一闪地，从我们的身边飞过。

我告诉宝贝们，这些闪烁的光点，便是萤火虫了。涵奕听后，立马将手电筒照射过去，却什么也没有发现。

空中飞过的萤火虫还好，至少能发现它们一闪而过的亮光。而草丛中的萤火虫，就不一样了。每当我们靠近的时候，它就马上熄掉自己的小灯。要想捉到它，还真需要下一番功夫。

我示意涵奕将手电筒关掉，涵奕听话地照做。我们在黑暗中静静地站立着，眼睛一眨不眨地盯着头顶的夜空。

果然，没过多久，十几个明亮的光点从我们的眼前飞过。

我伸手猛地一拍，只听"啪"的一声，萤火虫落在了地上。

梅多兴奋地叫起来："哥哥快开手电筒。"

落地的萤火虫，一般都难以快速起飞，他们的尾部，还发着细微的光亮。我们用手电筒照过去，一捉一个准。不到半个小时的工夫，我们便捉到了十几只。

涵奕将萤火虫装进我事先准备好的扎了透气孔的矿泉水瓶中，梅多则小心地捧着瓶子，目不转睛地注视着这些可爱的小精灵。

萤火虫在瓶中蠕动着，它们背后的小灯笼一闪一闪的，像一颗颗亮晶晶的绿宝石，好看极了。

在漆黑的天幕下，我们一边欣赏着瓶中闪闪发光的萤火虫，一边高兴地唱起来："萤火虫，打灯笼，飞到西，飞到东……"

我给宝贝们讲萤火虫的故事，给他们朗诵泰戈尔赞美萤火虫的诗句："你冲破了黑暗的束缚，你微小，但你并不渺小，因为宇宙间一切光芒，都是你的亲人。"

我告诉宝贝们，萤火虫从卵子出生到死亡大概只有一年的时间，而且这其中卵与幼虫时期占去了大部分时间，成虫期只有约一个月的时间。它们的生命虽然如流星一般短暂，但哪怕只有一

个月，它们也要发出自己的光芒。

我告诉宝贝们，很多美好的东西都是短暂的，所以，我们要学会珍惜身边的美丽。

梅多和涵奕似懂非懂地听着。

回到屋子，梅多将萤火虫放在床头的桌子上，我带领宝贝们一起研究萤火虫尾部的发光器。

没开电灯，偌大的屋子里，只有马灯发出的昏黄灯光，和萤火虫微弱的光亮呼应着。

宝贝们隔一会儿就会摇动一下瓶子，偶尔也会问我一些奇怪的问题，显得非常兴奋。

我拿出手机拨通了家里的电话。宝贝们靠过来，争先恐后地跟妈妈报告今天发生的事情。听到妈妈赞他们又乖又勇敢，宝贝们万分得意。

我原本还担心梅多会因为妈妈不在身边而跟妈妈大哭，但显然今天发现的新奇玩意——马灯、压水机，和一闪一闪的萤火虫，让她暂时忘记了依赖心。我不由得松了口气。

依依不舍地打完电话，我从行李箱中拿出充电式小台灯，打开灯，伏在简陋的木桌前，将一天的行程和体验，一一记录下来。

涵奕看到了，也赶紧从小书包里找来自己的笔记本，学着我的样子，写起了日记。

涵奕已经能够用掌握的汉字，将自己的见闻和感受记录下来，这让我很欣慰。

看到我们写日记，梅多也毫不落后，她翻出她的小画笔，一边观察瓶中的萤火虫，一边用画笔仔细地描画着。

虽然在我和妻子的悉心引导下，梅多目前已能基本辨识一些简单的汉字，但能写的字屈指可数。所幸梅多非常喜欢画画，她的画技可算十分了得。

梅多先在画纸上用铅笔勾勒出轮廓，有房屋、小路、河流，也有飞在空中的萤火虫。轮廓勾勒后，梅多便开始用彩笔一点一点地涂上色彩。

梅多长长的睫毛一眨一眨地，漂亮的小脸蛋在灯光的映衬下，泛出一种暖暖的光芒。

等梅多画完画，涵奕写完日记，时间已经不早了。

我接来水，给宝贝们洗过手和脸，便安排他们上床睡觉。

也许是太累了，涵奕一上床，便呼呼地大睡起来。梅多爬上床，抱着瓶子玩了一会，也不知不觉地睡着了。

我将毯子给宝贝们盖好。然后把宝贝们换下的衣服，带到屋外清洗，晾晒……

当田埂被推平，溪沟被填满，一座座新时代建筑物在原本恬静的乡村土地上拔地而起的时候，那些发着微光的可爱的小精灵，便离我们越来越遥远。

生活富足的城市宝贝们，居然连萤火虫是什么样子都不曾亲见，更别说和萤火虫亲密接触了。"囊萤映雪"对他们而言，永远都是写在书上的童话。所以，做爸爸妈妈的，应该把握每一个机会让宝贝们去亲近大自然。

写日记是提高宝贝们写作水平最有效的方式。让宝贝们把一天里印象最深刻的东西写下来，语句不通顺暂时不要紧，最紧要的是写下自己的真情实感。时间久了，宝贝们对生活的认识会大大提高，表达能力也会大幅增长。若再适时辅以专业指导和广泛阅读，宝贝们写作水平的提高，就是水到渠成的事情。

教育学家说过，"播下一个行动，你将收获一种习惯；播下一种习惯，你将收获一种性格；播下一种性格，你将收获一种命运。"好的习惯，要从小养成，这是宝贝们一生的财富，也是爸爸妈妈给予宝贝们最大的恩赐。

7月26日 星期五　　　晴

　　今天我们到农村体验生活，我们住在一个很特别的屋子里。爸爸带我和妹妹去捉萤火虫，萤火虫装在瓶子里，一闪一闪的，就像天上的小星星。大家玩得开心极了。

6 给受伤的玉米做包扎

晨曦洒满大地，小鸟的鸣叫打破了黎明的寂静，这座偏僻的农家小院从沉睡中醒来。新的一天开始了。

在我的计划里，这次农村之行，我有两个目的。一是带宝贝们认识大自然，开阔他们的视野；二是体验农村生活的艰辛，要宝贝们珍惜现有的幸福。

吃过早餐，我决定带宝贝们先到田间地头去看看。

庄稼地离我们居住的屋子非常近。穿过屋子边上的马路，再往前走上几十米，就到农民伯伯的庄稼地了。

出发前，梅多忽然拉住我的衣角说："爸爸，我跟你商量个事情，我想把萤火虫带上，好吗？"

我觉得很吃惊，问梅多："萤火虫只有在晚上的时候，才

可以看到它们的小灯笼的，现在是白天，我们把它们带上有什么用呢？"

梅多小心翼翼地把瓶子捧给我看："爸爸，你看，它们都很累了呢。我是想把它们都放了。"梅多搓着手指，有些羞涩地对我说，"我想送萤火虫回家，它们的爸爸一定想它们了呢。"

梅多的话让我很感动，我抱紧梅多说："你是爸爸的好宝贝，你提了那么好的主意，爸爸怎么会不同意呢？我们现在就送萤火虫回家找爸爸好吗？"

涵奕看到了，跑过来对我说："爸爸，妹妹把萤火虫都放了，我们玩什么呀？"

我拉着涵奕的手说："妹妹说得对，萤火虫也有自己的爸爸和妈妈，你忍心看着它们孤独地待在瓶子里吗？我们现在送它们回家团圆，晚上它们还会飞过来，带领更多的萤火虫来给我们打灯笼的呀。我们也跟萤火虫做朋友，不是更好吗？"

看涵奕点了点头，我们便带着萤火虫上路了。

我们来到一处田埂的草丛边，将萤火虫放出来。

看着萤火虫从瓶子里面爬出来，慢慢钻进草丛里，梅多高兴地对我说："爸爸，你看，萤火虫还舍不得我们呢。"

放走了萤火虫，我们继续往前走。

眼前，一望无际的庄稼地，芝麻、甘薯、棉花和玉米等，绿油油的，像一片绿色的海洋，向着天际铺陈开去。微风拂来，空气中飘荡着一股泥土的清香。偶尔还能听到远处一两声的鸡犬之声。

农村广阔的田野，让久居城市的宝贝们，感到新鲜又奇妙。他们一路蹦蹦跳跳的，心情显得格外舒畅。

我带着宝贝们蹲在芝麻地里，仔细地数芝麻杆上长出的穗子。有的芝麻已经结出密密麻麻的穗子，有的芝麻还在开花。蜜蜂在我们身边嗡嗡地飞着，它们想怎么飞就怎么飞。我跟宝贝们也一样，想跟哪个庄稼交流就跟哪个庄稼交流。

在芝麻地那股沁人的宁静气味中，我给宝贝们讲芝麻的生长周期，讲芝麻的播种和收获，讲很多跟芝麻有关的故事。我们还采用游戏输赢的方式，来比赛讲与芝麻有关的成语。比如芝麻开门，芝麻开花节节高等。

紧挨着芝麻地的是一块扁豆地。扁豆浅绿的叶子郁郁葱葱，铺满田地。涵奕说："扁豆给大地盖了一床绿色的棉被。"

扁豆有着深紫色的茎，摸起来滑滑的。扁豆的花是紫色的，在梅多眼里，那些紫色的花朵，就像她的蝴蝶结，非常漂亮。

梅多爱吃玉米，在到达玉米地之前，我便先问她："梅多，你觉得玉米应该长什么样子？"

梅多不假思索地说："爸爸，玉米应该是长在地下的。"

我接着又问涵奕。涵奕回答说："玉米应该是长在枝上的。"

我但笑不语。

等我带着宝贝们来到玉米地，不出所料，宝贝们都一脸惊奇："爸爸，玉米怎么长这个样子啊，跟我们想象的都不一样。"

宝贝们新奇地研究着玉米，我转身走开，想去给梅多找一点猫眼草。这时，一件意外的事情发生了。

只听背后突然"咔嚓"一声，紧接着梅多大哭的声音散播开来。

我回头，望见一棵玉米倒在了地上，便向宝贝们询问情况。

涵奕低着头，喃喃地说："爸爸，是我不好，是我不小心折断的。"

原来，梅多想要看看玉米稍头开出的花是什么样子，涵奕为了给妹妹看个仔细，便将玉米秆往下扳。没有想到，玉米的秆子很脆，就这样被从半腰处折断了。

涵奕怯怯地站在我的身旁，不停地搓着衣角。梅多红着眼睛，一个劲地说是自己不好，说着说着，哭得更厉害了。

我没有责怪梅多，也没有责怪涵奕。我将他们兄妹两人拉进

我的怀抱，轻声说："爸爸知道了，这个事情，你们也不是故意的，爸爸也不责怪你们。但是呢，以后不管做什么事情都要记住，千万要小心。农民伯伯种地不容易，来，大家一起看看，有没有好的补救办法。"

涵奕说："爸爸，我们把它扶起来，说不定还能救活呢。"

我想涵奕说得有道理，便同意了涵奕的提议。于是我们将倒地的玉米秆轻轻地扶起来。梅多不哭了，她不停地嘱咐我，要小心一点，不要弄疼了玉米秆。

随后，我们从地头找来了布条和树枝，还从地头捡来一根长长的竹竿。梅多好奇地问我："爸爸，我们是不是要给玉米做包扎？"

我没有回答，用眼神向涵奕示意。涵奕说："我们今天做医生，救死扶伤，给玉米做包扎。"

手术开始了，大家一起动手。涵奕扶着玉米，梅多拿着树枝，我则蹲在地上，用布条将树枝和玉米固定，然后一圈一圈地缠起来。因为玉米秆折断的部位，仅剩一点点的外皮和纤维联系着。

在我缠绑的过程中，涵奕疑惑地看着我："爸爸，就剩这么一点点，还能活吗？"

我停下了手中的活计，抬头看着涵奕的眼睛，一字一句地说："只要玉米没有完全断掉，就有成活的希望。只要希望在，我们就不应该放弃，你说，对吗？"

涵奕看着我，很坚定地点点头。

我又去看梅多。梅多也点点头，催促我说："爸爸，我们快点包扎吧，玉米现在肯定很疼呢。"

说实话，仅剩一丝联系的玉米，即便我们再包扎，也很难存活了。但宝贝心中有希望，做爸爸的，就不能让他们失望。

我们给玉米包扎完毕后，涵奕又问我："爸爸，如果玉米死掉呢，我们又怎么办？"

我还没想好怎么回答，梅多忽然有了主意。她忽闪着两个大眼睛："爸爸，我有一个好办法，我们不是每次都买农民伯伯的玉米棒吗？我们把这棵玉米买下来，不就可以了吗？"

是啊，梅多说得有道理，我们可以把这棵玉米买下来。可是，这块玉米地的主人是谁，怎么才能找到他呢？这是个难题。

我问梅多："梅多，我们家就属你最聪明了，你告诉爸爸，你有什么好办法解决这个问题。"

梅多挠挠头皮说："爸爸，你别急，让我想想。"

我温和地望着梅多，用眼神鼓励她。

梅多果真聪明。她想出的办法是，我们把钱用塑料纸包好，绑在这一株受伤的玉米秆上。这样，农民伯伯上田的时候，就能看到了。

我不停地夸赞梅多聪明，并将她揽进怀里，在她的额头轻轻地亲了亲。

爸爸心语

城市里长大的宝贝，就像温室的花朵，大部分都局促于一城之内，很少走出家门，去真正了解外面的世界。所以，他们往往会对世界万物有一些错误的认知。爸爸妈妈应该多为宝贝们提供亲近、接触大自然的机会，丰富他们的感知。读万卷书，不如行万里路。

宝贝们在成长过程中难免会犯错。宝贝们犯错了，爸爸妈妈绝对不能直接用打骂来解决问题。宝贝们因为犯了错正害怕着呢，如果这个时候对他们说教，很可能会在无形中扩大他的恐惧，从而造成宝贝们的逆反心理。我们应该冷静下来，先听听宝贝们为什么会犯这个错误，在宝贝们知道自己错在哪了之后，再适时帮助宝贝们改正错误。

1 小河捉鱼记

留下损伤玉米的钱后，我们离开玉米地，继续往前走。

先前我们从地头捡来的竹竿太长了，没派上用场，涵奕就拖着竹竿晃着玩。

忽然从我们的身后飞来一只美丽的彩蝶。

梅多说："爸爸，快看，飞来一只花蝴蝶，你看它穿的裙子多漂亮啊。"

蝴蝶在前面飞呀飞，梅多就一直在后面不停地追赶。我和涵奕跟在梅多身后，边追边提醒她小心，不要踩到庄稼了。

我们追着追着，不觉就来到了小河边。

涵奕问我："爸爸，你看那些小朋友在干什么呀？"

我顺着涵奕的手指望去，只见河滩里有不少小朋友聚集在一起捉鱼呢。我告诉涵奕："那些小朋友应该是在河里捉鱼呢。"

涵奕一听，立刻就拖着竹竿，向河滩跑去。我带着梅多紧跟着追了下去。

河水很浅、很清，可以清楚地看到河底的细沙，还有摇摆不定的水草。一群群可爱的小鱼，在水草间游来游去，它们一会儿摇头摆尾，一会儿静静地停在水底，淘气地吐着水泡，有趣极了。

我提醒涵奕小心点，可涵奕已迫不及待地脱掉鞋子，跳下水去了。

我便和梅多站在水边上，看涵奕在水中捉鱼。

眼看着前面游过来了一群鱼，涵奕赶紧伸手去捉。可他的手刚伸进水里，小鱼儿便四散而逃，鱼儿没有捉到，水却溅得到处都是。由于重心向前、立足不稳，只听"扑通"一声，涵奕跌进了小河里，一下子成了落汤鸡。

梅多看到了，哈哈大笑起来。边上正在捉鱼的小朋友看到了，也笑得合不拢嘴。

涵奕甩着湿淋淋的衣服，自我安慰说："这算什么呀，男子汉大丈夫，从哪里跌倒就从哪里爬起来！"

涵奕自嘲的话语，惹来了周围孩子们的一片欢呼。

河滩上捉鱼的小朋友，足足有十七八个。他们有的下河直接用手捉，有的则用一长棍捆绑一个网兜捕捉。网兜捞鱼，自然要比手捉的效果好多了。鱼儿游过来的时候，一网兜伸过去，便能捞到好几条。

梅多推推我，指着捕鱼的网兜问我："爸爸，这个是什么呀？"

我告诉梅多，这是专门用来捕鱼的网兜。

梅多说："那我们也找一个吧。"

在这前不着村，后不着店的河滩，去哪里找一个网兜呢？我有些为难，但在梅多面前，我没有表现出来。我鼓励梅多说："好啊，我们想想办法，也找一个网兜来，这样哥哥就更容易捉到鱼儿了。"

梅多一边点头回应我，一边四下里张望，突然拉起我的手，向着蹲在河滩的两个小朋友走了过去。她和那两个小朋友问好，然后询问他们遇到什么问题了。

两个小朋友看到梅多走过来，也很开心。

原来是因为棍子太细了，他们的网兜总是从棍子上滑下来，一直绑不紧。

我问梅多："你有什么好办法，可以帮到小朋友呢？"

梅多没有正面回答我，只丢下一句"我找哥哥去"，便急急忙忙地走掉了。

我还没有搞清楚梅多葫芦里到底卖的什么药，梅多已经返回

了。只是，她的手里多了一根长长的竹竿。

我没说话，在一边静静地站着，看梅多接下来会怎么做。

梅多取了竹竿之后，跟两个小朋友又聊了起来，意思是他们可以一起合作，用她的竹竿捆绑上他们的网兜，大家一起来捞鱼。

这当然是个好主意了。两个小朋友看了看梅多手中的长竹竿，十分乐意地点了点头。

在大家的共同努力下，很快网兜便收拾好了。梅多和两个小朋友一起，举着网兜，轮流在河里捞起来。

涵奕看见了，也围了过来。

于是四个人合作，一人拿着网兜，两人一上一下在水中赶鱼，另一人则提着水桶在河边紧紧跟随。

由于大家互相配合，再加上工具得力，宝贝们很快便捞到了不少鱼儿。我们数了数，大概有三十多条小鱼，还有十几只小虾。

梅多和小伙伴们趴在水桶边，脸上开满幸福的笑容。

这个时候，河面上又游过来一群鸭。美丽的小鸭在河中自由地游来游去，惹得宝贝一阵欢呼。宝贝们不约而同地哼起了儿歌，"门前大桥下，游过一群鸭，快来快来数一数，二四六七八，嘎嘎嘎嘎，真呀真多鸭……"

后来，大家还丢下手中的渔具，开始疯狂地追赶起水中的小鸭来。

在宝贝们的感染下，我也情不自禁地跳下了水，和宝贝们一起追逐。飞溅的水花，欢乐的笑声，仿佛让我又重回到童年。

这次捉鱼，宝贝们不仅体验到动手捉鱼的乐趣，最让我开心的是，他们还认识了很多的小朋友。

宝贝们争先恐后地给我介绍，报出了"琳琳""翰飞""倩倩""乐乐"等七八个名字。别看宝贝们年纪小，社交能力一点都不弱呢。

快到午餐时间了，我和宝贝们带着渔网和小鱼回到我们的农家院。

大家一起动手，经过好一阵的忙活，终于做出一道鲜美的大餐——鲜鱼汤。

梅多说："我们做的鱼汤是世界上最最好喝的鱼汤了，我永远都忘不掉。"

我问梅多为什么。

梅多说："因为是和爸爸一起做的呀。"

我点点头，蹲下来看着梅多说："世界上最甜蜜的果实，当然是劳动的果实了。"

梅多舔着碗，撒着娇，忽然表示要打电话给妈妈。

电话接通后，梅多一手挽着我的胳膊，一手拿着电话跟妈妈絮叨起来。梅多一直讲个不停，怎么捕鱼，怎么捞虾，还有哥哥怎样摔到水里，她都讲得绘声绘色。涵奕吹胡子瞪眼，几次要抢夺电话，都没得逞。

我安慰涵奕说："妹妹是太开心了，她要跟妈妈分享我们捕鱼的乐趣呢。"

涵奕快快地说："爸爸，我知道，我也想跟妈妈分享乐趣。"

好容易梅多讲完了，电话终于到了涵奕手中。涵奕兴高采烈地把捉鱼的事情又讲了一遍。妻子在电话那边开心地听着，我也开心地听着……

炎炎七月，对于宝贝们而言，应该是轻松而充满快乐的。两个月的漫长暑假，足以见识很多新事物，足以体验许多事情。但是，有很多家长只觉得假期是宝贝补习功课的好时机，于是，各种补习班、兴趣班，把宝贝们的快乐时光统统剥夺了。

而在我看来，有限的人生旅途中，唯有童年，才是真正属于我们每个人自己的，是一段无忧无虑的时光。与其让宝贝们在假期做自己不喜欢的事情，还不如放手，让他们去亲近大自然，获得真正的知识和快乐。

所以，每当有空闲，我和妻子就会带着宝贝们去旅行。大漠江南，山村荒滩，万水千山，我与宝贝们一起感受每一处山水的灵秀，亦体验每一处风俗的独特。慢慢地，宝贝们的眼界在行走中开阔了，知识也在交流中丰富了，而我们与宝贝们的关系，亦变得愈加地亲近。

8 渔网也能捉知了

打完电话，我便安排宝贝们午睡。暑气正盛，溽热难耐，我便坐在床边给宝贝们打扇子。因为困乏，我扇着扇着，竟不知不觉地睡着了。

不知过了多久，我从睡梦中醒来。室内的溽热依然让人难受，我抚摸着自己的脸颊，突然感觉有一股凉风有序地吹送着。

我侧身去看，梅多正坐在床边的椅子上，不停地给我扇着风。我的眼眶即刻湿润了。

梅多没有察觉到我突如其来的感动，她轻声对我说："爸爸，你睡醒了？"

我点点，起身，拉着梅多的手慈祥地说："宝贝，你长大了。你是爸爸的好梅多，爸爸真为你骄傲。"

我用目光去寻涵奕，只见涵奕正蹲在地面上捣鼓着什么。我走了过去，原来是上午从河边带回来的渔网。

我问涵奕收拾这个做什么。涵奕说："爸爸，你听外面知了叫得好欢快啊。小朋友们说现在是捉知了的季节，我们一会去捉知了吧。"

梅多从我身后钻出来，拍着手叫道："好啊，好啊，爸爸，我也要跟哥哥去捉知了。"

涵奕说，捕鱼的网网孔不大，但网口太大了，伸不到树上去。他要把网口改小一点，这样的话就可以用捕鱼的网来捉知了了。

我很赞同涵奕的观点，便接着问他是从什么地方学来的。

"当然是电视了。"涵奕很自豪地说，"电视上就是用一个网绑上长棍，就可以捉知了。不过，我们没有那种小的网，只能把这个捕鱼的网改小一点了。"

我笑着说："你小子还挺聪明的啊，我都不知道鱼网原来还可以捉知了的啊。"

窗外的知了在声声叫着夏天。涵奕笑笑说："只要肯动脑，就没有想不到的办法。爸爸，你帮我扶着，我要把这个绳子绑紧一点。"

梅多也在边上说："爸爸，你们快点吧，我都等不及啦。"

把网子弄好了之后，我们便出门去捉知了了。

我们先到院子的大树下查看。浓密的叶子，硕大的枝蔓，有好几只知了正伏在树荫下"知了、知了"地叫着呢。

涵奕在树下转了一圈，突然朝我叫道："爸爸，我发现了很大一只，在这里，快来！"

我举起竹竿，慢慢地向知了伸了过去。

涵奕和梅多跟在我的身后，屏息凝神，全神贯注地注视着竹竿梢头的网兜。

当网兜悄悄伸到知了身后的时候，猛地向前一罩，知了就被捉到网兜里去了。知了在网兜里拼命挣扎，叫得更厉害了。梅多拍着手大叫："捉到了，捉到了。"

随后，我们又来到小河边的树林。这里的知了更多，叫声一阵一阵的。

我问涵奕："这样一阵接一阵的叫声，我们用个什么成语来形容呢？"

涵奕想了想说："此起彼伏，是不是这个成语，爸爸？"

我点点头表示赞许，然后又接着问："那与知了相关的成语呢，你们两个谁还知道？"

平时在家的时候，我经常跟宝贝们玩成语接龙的游戏，因此，他们兄妹二人还是有一定的知识积累的。

果然，没过多久，两个小家伙就回答出"金蝉脱壳"和"螳螂捕蝉，黄雀在后"来，梅多还绘声绘色地给我讲起了她知道的知了的故事。

我们在小树林里捉到了很多知了。

最初由我操持竹竿，后来涵奕和梅多也跃跃欲试，于是我便将竹竿交给了宝贝们。

竹竿看似不重，举起来还是有点费劲的，梅多或涵奕单独一个人都有点拿不稳。最后兄妹两人决定合作，终于一起将竹竿稳稳地竖了起来。

两个人小心地移动着竹竿，慢慢地向知了靠近。

也许是太急了，也许是操作方法不当，最初的几次，竹竿刚刚伸过去，知了便知觉了，"嗖"的一声飞走了。

但经过几次尝试后，梅多和涵奕找到了窍门，终于捉到了几只知了。

　　人们常说"心灵手巧"，这说明了手和大脑有着非常密切的关系。教育学家也建议，在日常的教学活动中，要注重培养宝贝的动脑和动手能力。然而，现在的一些家长，总喜欢替宝贝"包打天下"。在这种"温室效应"下，很多宝贝变得娇生惯养，任性脆弱，缺乏独立性和克服困难的勇气与能力。所以一度出现了6岁的宝贝不会系鞋带，9岁的宝贝不会穿衣服等笑话，对宝贝未来的发展极为不利。

　　所以，我平时非常注意引导宝贝们多动脑，多动手，也适时加以赞扬和鼓励。宝贝们现在的主动思考和动手能力已经非常强了。

9 锄禾日当午，汗滴禾下土

我们的农家院临着马路，再往前不远，就是潺潺流淌的小河。在马路和小河之间，有一小块荒地，蒿草和苍耳长得郁郁葱葱，偶尔露出零星的蔬菜。几截废弃的篱笆，寂寞地斜插着。

我想，这里之前一定是一块肥沃的菜地，只是很久没人打理，才变得这么荒芜。

从树林里捉知了归来后，我决定趁着空暇时间，将这一块土地整理一下。一来可以种植一些花草或蔬菜，让地不再白白荒芜，二来也可以让宝贝们亲身体验劳动的快乐。

于是，我对宝贝们宣布，接下来我们将进行一项艰巨的任务——开垦田园，种植蔬菜。

梅多和涵奕一听我们要自己开垦土地，高兴得大叫起来。他们争先恐后地表示，要种黄瓜、西红柿、白菜和萝卜，也要种向日葵和玫瑰花……

趁着宝贝们兴致高，我赶紧带着他们去王大哥家借劳动工具。

刚到王大哥门口，看门的大黄狗就"汪汪"地叫了起来。梅多吓得直往我的身后躲，而涵奕不但不怕，还学着大黄狗的模样，"汪汪"地回应着。

听了我的来意，王大哥表示对我们的开垦计划十分支持。他很快便为我们取来了锄头和耙子，还给了我们一些植物种子。

这个时候，一直跟在我身后的梅多，已经跟王大哥家的小田田，一个淳朴可爱的小男孩交上了朋友。两个同岁的小朋友凑一起，玩得十分开心。临走的时候，梅多将捉到的知了送给了小田田，两人都有点难舍难分。

回去的路上，梅多和涵奕盯着我手里的锄头和耙子，觉得很新鲜。他们争着要帮我拿耙子。

我将耙子交给涵奕，并告诫说："耙子上面的铁叉很尖锐，要小心。"

涵奕很听话地回答说知道了。然后我就看到涵奕将耙子扛在肩头，伸着舌头，大叫着："嘿嘿，嘿嘿，看我老猪的耙子厉害不厉害！"

跟在我身后，因没有拿到耙子，正一脸不高兴的梅多突然"扑哧"一声笑了出来。她拉紧我的手说："爸爸，快看，猪八戒来啦。"

　　站在荒废许久的菜地面前，打量了一番零散分布的胡茄、苍耳、蒿草和其他植物，我决定，先将边上破烂的篱笆拆除，然后清除杂草，最后再进行翻土、播种和灌溉。

　　我把宝贝们召集到跟前，告诉他们我们要做的劳动，并将劳动过程中可能出现的情况和危险详细告诉他们，还特别提醒他们注意园子里带刺的苍耳。之后，大家便一起动起手来。

　　我们拆除篱笆，清理杂草，翻动土地。午后的阳光仍然火辣，汗珠从我们的脸上不断地滚下来。

　　我一边锄地，一边问正在耙草的涵奕："还记不记教过你的一首诗，就是说正午的时候，一个农民伯伯在地里锄草，汗珠从他的脸上落下来，一直滚到脚下的土地上……"

　　我的话还没有说完，梅多和涵奕便不约而同地回答我："爸爸，我知道，是《悯农》，'锄禾日当午，汗滴禾下土。谁知盘中餐，粒粒皆辛苦。'"

　　"看我的涵奕和梅多多聪明，记忆力多好。"我不住地夸奖他们。

防不胜防，在整理菜地的过程中，苍耳还是挂到梅多的衣服和头发上去了。

梅多的衣领上，头发上，到处都是脱落的苍耳，摘也摘不下来。梅多急得跑到我身边，哭了起来。

我拉着梅多的手问："怎么回事？"

梅多说："爸爸，刚才你说的苍耳，都挂在我的衣服上来了，我怎么摘也摘不下来。真讨厌，还扎手，呜呜……"梅多撒起娇来。

我说："是吗？刚才爸爸是不是有提醒过你，做事情的时候要小心。"

梅多努了努嘴，小声说了一声"是"。

我接着问："如果不好的事情发生了，我们该怎么办呢，哭泣能够解决问题吗？"

梅多看着我，不说话，眼中噙满了泪水。

我将梅多拉近身边说："事情发生了，惧怕和躲避，都是没有用的。我们要好好想想办法把苍耳摘下来。不如，你用布片包着苍耳，再摘一次试试。"

这时，涵奕放下工具，跑了过来。

我说："如果妹妹遇到困难了，做哥哥的应该怎么做呢？"

涵奕说："爸爸，这个还用说嘛，当然是帮助妹妹了。"

我问："那现在呢？"

涵奕说："爸爸，我明白了。"

涵奕转身找来一块布片，照着我的办法，轻轻地将妹妹衣服上的苍耳包起来，稍稍一用力，苍耳就被摘了下来。

一颗，两颗，不一会儿，梅多身上的苍耳全被哥哥摘光了。

我对宝贝们说："别看苍耳长得难看，可也是一种很有用的药用植物呢。苍耳的叶子中含有一种成分，可以降低血糖，还可以起到抑菌的作用。苍耳身上之所以长这么多的小刺，就是为了能够粘在动物的身上，将种子传播到更多的地方去，以此来延续种族的生命。我们已经把苍耳摘下来了，现在我们试试看，将它们按照一定的规则粘放在一起，是不是可以拼出一幅好看的图案来？"

涵奕乐了，他将摘下的苍耳捡起来，和梅多拼接起来。不一会儿，两个人就拼出了一个漂亮的娃娃脸。

看着自己的成果，梅多开心地对我说："爸爸，原来苍耳不仅有用，而且还这么好玩呢，我不讨厌啦。"梅多脸上的泪珠，不知何时已经不见了。

我们又埋头干了一阵农活。

涵奕突然跑了过来，他拉着我的锄把，急匆匆地对我说："爸爸，爸爸，我知道你今天犯了一个很大的错误。"

我停下手中的活计，蹲了下来，静静地望着他。我不知道宝贝这次会有什么惊奇的言论，但他能够有自己的想法，我很开心。我用眼神鼓励宝贝把心中的想法说出来。

　　涵奕拽着我的手说："爸爸，你说，向日葵需要多久才能开花结果呢？"

　　我说："向日葵生育期的长短，与品种、播期和栽培条件都有很大关系。我们种的这种向日葵啊，是一种一年生的草本植物，从播种、耕耘，到收获，大概需要三四个月的时间。"

　　我的话还没说完，小家伙明显就急了，他打断我的话说："问题是，爸爸，我们在这里只住两天啊。两天的时间，爸爸，你说怎样才能开花啊，还有结果呢？"

　　涵奕的话，让我一下子怔住了。是啊，我们只在这里住两天的时间，怎样才能够看到一颗种子从孕育到发芽，到开花，到结果的整个的过程呢？

　　正在边上捉蚂蚱的梅多也凑了过来，好奇地望着我。她的眼神中同样充满了急切的期待。

　　我知道，用常规的办法，根本无法给宝贝们一个满意的答复。于是，我决定先给宝贝们讲一个故事。

　　我问涵奕："东晋有个大书法家，你还记得他叫什么名字吗？"

"大书法家，大书法家……"涵奕摇头晃脑，恳切地望着我，似乎想要让我给予帮助。

我没有理睬他，一边夸张地做挥舞毛笔的动作，一边轻轻地吟唱起来："永和九年，岁在癸丑，暮春之初，会于会稽山阴之兰亭，修禊事也。"

让我没有想到的是，边上蹲着的梅多跳着叫起来："爸爸，爸爸，我知道了，是王羲之。"

梅多的尖叫给了涵奕提示，他不好意思地说："爸爸，我也知道了，是书圣王羲之。"

我拉着梅多和涵奕，来到田埂上挨着坐下，说："我们今天要讲的，就是王羲之的孩子——王子猷的故事。王子猷这个人呢，特别喜欢竹子。据说有一次王子猷外出，寄居在别人的一处宅院里……"

涵奕插嘴问："爸爸，那个宅院的屋子是什么样的呢，是不是跟我们现在住的一样啊？"

我点点头，继续说："王子猷看到房子的边上有一大片空地，便让随从的人赶紧平整土地。地平整完了，又跟大家一起种起竹子来。邻居看见了，就好奇地问他：'你只是暂时住在这儿，何必这样麻烦呢！'王子猷指着屋子边上的竹子沉思了好一阵，然后笑着说：'我住的地方，怎么可以一天没有这位竹先生的呢！'好了，我的故事讲完了，你们有什么感想呢？"

我用期待的眼神望着梅多。梅多看着我，不说话，大眼睛一眨一眨的。显然，她的小脑袋正在思考着我讲的故事。

突然，梅多扑进我的怀里，抱着我的脖子说："爸爸，我们种的向日葵，是不是跟王子猷种的竹子一样呢。就是说我们在这里住一天，就要这一天住得有意思。"

梅多的回答，让我十分欣赏。我从没想到，年幼的梅多居然能够说出这样的话来。看来这几年来，我对梅多的教育，还是颇有成效的。

又经过两个多小时的艰苦努力，荒芜的菜地终于被我们收拾得整整齐齐。我们将杂草堆积在旁边，坐在田埂上休息。

涵奕呼哧呼哧地喘着气，梅多脸上的汗珠打湿了额前的刘海。宝贝们的辛苦，让我既心疼又高兴。

宝贝们稚嫩的脸庞，宛如初生的向日葵，即便被汗水覆盖，也依然盛开灿烂。向日葵性喜温暖，适应力强，无论多么贫瘠的土地都能生长。我想，宝贝们今天能够在这里陪我吃苦受累，明天是不是就能够不惧任何风雨，像向日葵一样茁壮成长？而向日葵的花语是沉默的爱，是不是也是冥冥中的一种安排，寓意着我们父子之间的融洽与默契？

正在我遐思的时候，梅多忽然拉着我的手说："爸爸，我们把篱笆上刷上彩色的油漆吧。"

我迎合着梅多说："那不变成琴键了？"

梅多兴奋极了，手舞足蹈地说："是呀，是呀，爸爸，我们就是要做一个彩色的篱笆，会唱歌的篱笆。然后我们种上蔬菜和向日葵，这样等我们下次再来的时候，满园的瓜果飘香，我们就在星光的照耀下唱歌，好不好呀。"

在梅多甜甜的童音中，我的脑海里，浮现出一幅美丽的图景：皎洁的星空下，一处静谧的农村郊外，萤火虫打着灯笼，围着一组长短不一的彩色篱笆飞来飞去，宝贝们在郁郁葱葱的庄稼和五彩缤纷的花草间快乐自由地跳着、舞着……

新奇有趣的事情一件接着一件，而我们的农村体验之旅还在继续……

爸爸心语

爸爸妈妈不仅要培养宝贝亲自动手的能力，而且要使宝贝们养成艰苦劳动的习惯，要使宝贝们亲自参与劳动实践，借助一切条件，充分发挥他们的想象力，促进他们能力结构的合理发展。

传统的学校教育，总是喜欢将各种各样的知识直接灌输给宝贝们，却很少引导宝贝们去思考。而我却喜欢在生活中，因势利导，将问题抛给宝贝，让他们自己去思考。而在这个过程中，我也会旁敲侧击地给予宝贝启发或帮助。所以，宝贝们懂得的知识和道理越来越多，也越来越懂得灵活运用。

这次农村之行，丰富多彩的农村生活，热情好客的农家伙伴，都给宝贝们留下了深深的印象。后来每逢节假日，梅多都会嚷着，爸爸，我们什么时候还去农村啊。这次短暂的农村之行，不仅陶冶了宝贝们的情操，强壮了他们的身体，也使他们收获了许多知识。

7月27日　星期六　　　晴

　　今天爸爸带我们出去玩。我们先去河边捉鱼。河边的人可真多啊，我们用竹竿连上网兜，捉了很多鱼。后来又将工具修改了一下，捕到了很多的知了。今天我们的收获可大了。

第二站

**爸爸，
山里的乐趣真是多**

1 我们捉到蝎子啦

最美的风景一直在路上。我和宝贝们告别了第一站——华北平原的淳朴农村，回到北京稍事休养，便又马不停蹄地开往下一个目的地，河南西部一个美丽的小山村——荆紫关小李村。

荆紫关镇位于河南、湖北、陕西三省交界的地方，素有"一脚踏三省"之称。这里不仅有着丰富的旅游资源，而且有丰厚的历史文化底蕴。清代一条街上，各种古香古色的店铺错落有致；沿着丹江河，建了一溜的吊脚楼，很有江南情调；还有山陕会馆、平浪宫等，里面藏着很多历史故事。

离开镇中心，去往山林深处，几个疏落的村庄点缀其中。这些村庄不仅民风淳朴，而且山清水秀，气候宜人，是旅游体验的上好选择。

所以，我和宝贝们的第二站，便选在了这其中的小李村。

小李村，位于荆紫关西一处低洼的山坳里。汽车在崎岖不平的山路上行走，远处的羊肠小道，近处的嶙峋山石，让宝贝们尖叫不断。而车窗外掠过的翠绿枝蔓，则让我心旷神怡。

经过两个多小时的颠簸，我们终于到达了小李村。

汽车刚停下，宝贝们便欢呼着跳下车。成群的山羊并不理睬我们，只在路边吃草，倒是一只大黄狗对我们热情有加，蹲在远处"汪汪"地叫着。七八个闲散的村民，不停地打量着我们。

我跟宝贝们很礼貌地跟大家打着招呼。

我事先联络过的老村长，笑吟吟地迎了上来。他脸上的皱纹，仿佛石刻的一样，写满了沧桑。我开始跟村长寒暄，告知这次停留的时间和事项。

忽然梅多拉了拉我的衣角，朝远处指了指。

我顺着梅多的手指望过去，只见村口的山坡上，七八个小孩正在不停地翻着石头，似乎在寻找着什么。

我问老村长："小朋友在那边玩什么呢？"

老村长说："孩子们正在捉蝎子呢。"

"啊，蝎子？"梅多立马吓得跳起来，不停地往我身后躲。

涵奕听到了，立马跑过来拉着我的手说："爸爸，捉蝎子啊，一定很好玩。我们去看看吧。"涵奕望着老村长，眼中充满了好奇和期待。

老村长说："好啊，城市的孩子很少能见到蝎子，我带你们去看看。"

我俯下身，轻声问梅多："我们跟村长爷爷一起去看看好吗？"

梅多小声说："我怕，爸爸，蝎子会蜇人的。"

我将梅多搂进怀里说："我们只看看，又不碰蝎子，蝎子就蜇不到我们了。你看，那么多的小朋友都在那边玩呢，一定很有意思啦。"

好说歹说，梅多终于同意去看看了。但却搂住我的脖子，要我抱着过去。

我说："村长爷爷在这里呢，你看看，你这个样子，羞不羞喔？"

梅多偷偷瞄了一眼老村长。

我趁势拉开梅多的手说："快看，哥哥已经过去了。"

梅多终于松开了手。

我们一起随老村长往山坡边赶去。

老村长一边走，一边跟我们讲："野生蝎子营养丰富，还有很强的药用价值，山里的孩子平时没事的时候，总会到山上逮蝎子。首先要选择石头多的小山，蝎子平时非常喜欢藏在比较大的、光滑的石头下面。另外呢，蝎子喜欢待在阴暗、潮湿的地方，因此很干燥的石头下面一般找不到蝎子，要选择稍微湿润一些的石头。"

老村长拉着梅多的手说："闺女，你看，那些小朋友们，都在山朝阳的一面捉呢。知道怎么回事吗？"

梅多摇摇头。

村长接着说："没有太阳光照射的那面山不适合蝎子生存，所以爬山之前也要先看好，要选择山朝阳的一面，否则，有时候会白忙活的。"

很快我们就来到了山坡下。

涵奕大叫着，就要朝山坡上冲。

老村长在后面叫着："孩子，先不急。我还没告诉你该怎样保护自己呢。"

涵奕听了村长的话，乖乖地退了回来。

梅多则拉着我的手，期待地看着老村长。

老村长一边讲，一边用手比画着："蝎子的尾巴呀，是保护自己和攻击别人的武器，可厉害了。蝎子会在刺伤敌人的同时释放出一种毒液。所以呀，在捉蝎子的时候，要千万注意，别让蝎子的尾巴蜇了。"

老村长讲完，朝山坡上喊了一声："狗蛋，过来，把你的夹

子给弟弟用一下。"

一会儿工夫，一个八九岁的小男孩就蹦蹦跳跳地赶了过来。他将一个竹枝做成的夹子递给了老村长。

"你们看，这就是捉蝎子的工具。来，狗蛋，你给弟弟妹妹讲讲怎么捉蝎子。"

叫狗蛋的小男孩走了过来，我让宝贝们跟狗蛋问好。

狗蛋不好意思地回应了一声，然后喃喃地说："我们先翻石头，看见蝎子的时候就用这个夹子，朝着蝎子的尾巴伸过去，一夹就逮住了。"

老村长笑着说："这小家伙捉蝎子可精了，多的时候一天能捉一百多只呢。"

"啊！那么多啊！"梅多大叫道。然后转过身，望着狗蛋，怯生生地说："哥哥，你真厉害。"

老村长让宝贝们换上紧身长袖衣服，扎紧袖口裤管，穿好运动鞋，戴好手套，然后跟着狗蛋上山亲自实践去。

我跟着宝贝们一起上了山。

涵奕胆子大，他学着其他小朋友的样子，将石头翻开，然后用棍子轻轻地拨开树叶和杂草，仔细地寻找。

最初几次，一发现蝎子涵奕便大叫："爸爸，我找到了一只。"可就这一会儿工夫，蝎子早已经脚底抹油，溜了。

我安慰涵奕："不要着急，凡事都要慢慢来。"

果然没过多久，涵奕便捉到了一只。

梅多相对胆小一些。起初，她连石头都不敢翻，只用棍子远远地捣弄着。可慢慢地，看着其他小朋友一会工夫就捉到那么多蝎子，梅多也着急了，她也开始翻石头了。恰巧翻出来一只蝎子，看着蝎子高高地翘起来的尾巴，梅多还是很怕的，不敢伸夹子去夹。

我鼓励梅多："不急的，爸爸告诉你个好办法。蝎子有个习性，怕光，怕风，因而一有风吹草动，蝎子就静止不动了。咱们先朝蝎子吹口气，然后等蝎子不动了，我们再去夹就容易了。"

我跟梅多一起翻开了一块瓦砾。哇，一只肥大的蝎子探着头四处张望着，它长长的尾巴翘起来，威武极了。

梅多大叫："爸爸，蝎子，蝎子。"她按照我说的方法，朝蝎子轻轻吹了一口气。

神奇的事情发生了，刚刚还耀武扬威的蝎子，仿佛被点住了穴似的，一下子就"凝固"在那里了，样子萌极了。

梅多小心翼翼地伸出夹子，一下子就将蝎将军擒拿住了。

看着放进玻璃瓶子的蝎子，梅多高兴地叫起来："我也捉到蝎子啦！我也捉到蝎子啦！"

　　有些家长总是抱怨自己的宝贝胆小，不够自信。那么，如何培养宝贝们的胆量呢？

　　根据我的实践，最好的办法就是让宝贝们多参与社会活动。在活动过程中，爸爸妈妈要适时加以引导。比如，当宝贝们摔了跤或有了轻微伤病的时候，要教育宝贝们学会忍耐和面对；当宝贝们与小伙伴发生纠纷时，要想方设法让宝贝们自己去解决；要让宝贝们积极参加力所能及的体育活动；在人多的场合，要鼓励宝贝们多与人交流或登台演讲。宝贝们体验多了，经验自然也就多了，慢慢就会变得越来越自信，越来越自强，自然也不会再胆怯怕事了。

　　平时生活中，爸爸妈妈们要多给宝贝一些锻炼的机会，比如到邻居家去借东西，跟陌生的小朋友打交道，到附近商店买东西等。只有在生活中不断接受锻炼，宝贝们才能慢慢变得勇敢、坚强起来。

2 飞转的石磨

　　捉了不少蝎子后，我们从山坡上下来，跟着老村长往村子里走去。

　　只见这里的农户非常分散，房屋大都依山而建，有土坯的，更多的是青石砌成。房前屋后，大都种植着柿子和山楂。在绿荫的掩映下，石头房子显得异常地别致。

　　石磨、石碾、石桌、石凳随处可见，看似散乱，却散发着一种古老原始的味道。所以，在宝贝们的眼中，小李村俨然就像是用石头堆集起来的童话宫殿。

　　涵奕不停地推我的胳膊，提醒我看路边异样的建筑。梅多不住地惊叹，甚至还提议，回北京后，也建一个这样的房子。

　　我和老村长边走边聊，梅多和涵奕背着书包，走在我们的前面。

天气晴好，空气里飘荡着一股淡淡的清香。

在我们走过一户人家的时候，涵奕忽然叫了起来："爸爸，快过来看呀，这是什么呀？"

梅多也跑回来，拉着我的手说："爸爸，快来，我们发现了一个大家伙。"

我和老村长跟过去看究竟。原来在一棵枝繁叶茂的槐树下，横卧着一盘巨大的石磨。

梅多好奇地问我："爸爸，这个是什么呀？"

我说："这叫石磨，是用来把食物研磨成粉末的工具，一般由上下两扇磨盘组成。"

涵奕问："为什么要用两扇呀？"

我笑着望着老村长，他给我们介绍说："用两扇呀，就是为了磨东西的。这两扇磨盘啊，一个是固定的，一个是活动的，它们通过中间的这个轴子连起来，这样的话，它们就能够转动起来。"

涵奕接着问："那怎样磨东西呢，村长爷爷？"

老村长说："小朋友们，你们过来看，这是不是有一个空膛？这个叫磨膛。膛的外周有起伏的磨齿，上面这个磨盘上还有两个磨眼。你来这边看，磨东西时，粮食通过磨眼流入磨膛，磨盘慢慢地转着，粮食就被磨齿磨成粉末了。粉末从夹缝中流出来，我们用笤帚把它们扫起来，就完成了。"

梅多说："村长爷爷，那我们可不可以试试呀？"

老村长说："当然可以了，闺女，这个磨现在还是可以使用的。"

说罢，老村长一边上前拍门，一边朝屋子里喊话："二贵家的，在家吗？"

屋子里有人应了声。

过了一会儿，老旧的木门"吱咛"一声开了个缝，一个瘦高个子的大婶探出身来问道："啥事呀，村长？"

老村长说："也没啥事，这不，孩子们从城市里大老远地跑过来，没见过石磨，你给试试吧。"

宝贝们很礼貌地向瘦高个子的大婶问好。

老村长俯身对宝贝们说："这是李婶，干活利索着呢。稍等一会儿啊，等下咱们就给你们看怎样磨面。"

李婶转身回屋，没过多久，便捧着一个簸箕出来了。

涵奕对簸箕又产生了兴趣，问我："爸爸，这个又是做什么的呀？"

我说："这个呀叫簸箕，是一种用来盛放东西的工具。"

果然，簸箕里面盛着一些玉米粒。李婶先将石磨清扫了一遍，然后将玉米粒沿着石磨中间的磨眼倒下去。接着李婶便抱着

磨竿，使劲地推了起来。

一圈一圈，玉米粒不停地从磨眼流进去。随着石磨的转动，破碎的玉米粒便不断地从磨洞中转出来，漏到下面的木槽里。李婶将漏到木槽里的玉米渣又收起来，继续倒到磨眼里，如此反复，直至玉米粒被磨成细细的、面粉一样的玉米糁。

石磨"呜呜"地转着，李婶一圈一圈地推着，没过多久，额头便沁出了细微的汗珠。

看着李婶辛苦的样子，宝贝们心里过意不去。

梅多说："大婶，我也帮帮你吧。"

李婶点点头："好，好，小闺女真懂事啊。"

梅多上前，学着李婶的样子，抱着磨竿，一起推起来。涵奕看妹妹推起来了，也跟着凑上去帮忙。

刚转没几圈，涵奕便叫了起来："爸爸，这个还真累呢，需要好大的力气啊。看来还是找匹马来拉着比较好。"

磨了好一会儿，大家都累了，李婶便和宝贝们一起停下来休息。

老村长感叹地说："这磨面呀，可是个体力活，身体单薄的人，一般干不了。以前我们养有骡子和驴，这些活大部分都是这些牲口干的。给牲口套上嚼头，皮鞭一抽，就开始干活了。现在村里人少了，没人养骡马了，石磨也基本上不用了。"

涵奕忽然问我："爸爸，'卸磨杀驴'是不是就是说的拉磨的驴呀？"

我点点头。

涵奕说："爸爸，那你再给我们讲讲这个故事吧。"

我说好，然后给宝贝们讲起来："'卸磨杀驴'呢，在成语中其实是带有贬义的。故事是说农夫在驴拉完磨后，觉得驴没啥用处了，就将它杀掉了。后来，人们用这个成语来形容在利用完别人的好处后，就将对方抛弃或处理掉的情形。"

讲完，我问梅多："梅多，你说这样做对吗？"

梅多很严肃地对我说："爸爸，这样做太坏了。老师说过的，别人帮助了我们，我们也应该帮助别人，不能杀掉的。"

我接着梅多的话说："对，梅多说得很对，别人帮助我们，我们就要记住别人的好，以后有机会了要好好回报，做人要学会感恩戴德，千万不能无情无义。"

涵奕在边上急得直跺脚，一边推我的胳膊，一边说："爸爸，我也知道呢。"

我转过身，望着涵奕："那你给爸爸讲讲，你是怎么理解的？"

涵奕忽然对我做了个抱拳的动作，郑重其事地说："滴水之恩，日后必当涌泉相报。小弟就此别过了。"

我一愣，这不是电视里面的镜头嘛，哈哈，小家伙居然活学活用了。我也学着涵奕的样子，抱拳回应他："山不转水转，我们后会有期。"

我的话音未落，梅多已经笑弯了腰："哈哈，爸爸，你和哥哥要演电视剧啊。"

随后，我又因势利导，跟宝贝们一起说起与卸磨杀驴类似的故事和词语，比如过河拆桥、上屋抽梯、兔死狗烹、鸟尽弓藏等。宝贝们的思维和记忆，很多时候，都会给我意外的惊喜。

经过李婶和宝贝们的几轮辛苦劳作，我们终于磨出了两小碗玉米糁。

望着细细的、金灿灿的玉米糁，我引导宝贝们，让他们用背过学过的诗句来说说感想。梅多反应极快，马上就背起了"谁知盘中餐，粒粒皆辛苦"的诗句。

告别了李婶，我和宝贝们又跟着老村长在村子里溜达了一圈。

天色已经暗下来了。老村长带我们到了他家，让我们吃过晚饭，便安排我们休息。

山村人睡得早，八九点钟，就基本上没有灯火了。夜是静谧而安详的，一弯细细的月牙，挂在渺远的天幕之上，远处是黑黢黢的大山。羊圈里的牲畜还在吃草，偶尔传来细微的咀嚼声。

我和宝贝们用日记和图画记录下今天的所见所闻后，便熄灯上了床。

梅多和涵奕还不困，缠着我，要我讲故事。我便给宝贝们讲《贝儿公主》和《海的女儿》，讲着讲着，倦意袭来，不知不觉间便进入了梦乡……

爸爸心语

爸爸妈妈是宝贝们的第一任老师，但现实生活中，很多家长抱怨不懂教孩子，跟宝贝们无法沟通。其实，亲子沟通并不难，只要掌握一些技巧，就能事半功倍。

第一，眼神要关切，语气要温柔。眼睛是心灵的窗户，在和宝贝们说话时，爸爸妈妈一定要用关心的眼神注视着宝贝们，随时注意他们的表情和行为，以适时给予必要的辅导与协助，这也能让宝贝们有被重视的感觉。沟通中，爸爸妈妈要多使用温柔、建议的语气，避免使用严厉、责备的语气。温和的语调会让沟通的气氛变得温馨、自然，宝贝们也更愿意表达出自己的心事。

第二，内容需具体，语调要有变化，并且多用短句表达。爸爸妈妈讲话的内容要具体，而且在讲述的过程中，语调最好有一些高低起伏、抑扬顿挫的变化，还可以带一些夸张的表情，搭配一些相关的动作，这样声情并茂的沟通，更容易激发宝贝们交流的兴趣。而且，为了有效地跟宝贝们沟通，最好用简短明了的句子，并且多重复几遍，直到宝贝们明白我们的意思。

第三，要多倾听，倾听时要微笑，要多用话语和神情动作表示鼓励。当宝贝愿意表达自己的观点，说出自己的心事时，爸爸妈妈要面带微笑注意倾听，这样宝贝才会觉得爸爸妈妈对自己很关心、很重视。千万不要心不在焉地边做事边倾听。再适时用话语和神情动作表示赞扬和鼓励，宝贝会更愿意去表达。

第四，要会换位思考，要善于发现宝贝们的优点，及时给予表扬和奖励。爸爸妈妈要将心比心，多站在宝贝们的立场去思考问题和处理事情，这样能够避免爸爸妈妈在实施教育时盲目主观，有助于进入宝贝们的内心世界，获得融洽的亲子关系。每个宝贝身上都有闪光点，爸爸妈妈应该主动去发现和发掘他们的闪光点，并及时给予表扬和奖励，这样才能让宝贝们成长得更自信，更快乐。

8月12日　星期一　　　晴

　　今天是我们到小李庄的第一天．小伙伴们带我和妹妹一起捉蝎子．蝎子很威武，但只要朝它吹口气，它就害怕了．爸爸说做事只要掌握方法，就能事半功倍．我以后要记住了．

3 做个快乐的小·羊倌

　　第二天，我交给宝贝们一个任务，就是和村里的小朋友们一起去山坡上放羊。每人要照顾好自己的羊羔，不仅要把它喂饱，还要安全地送回羊圈。

　　任务交代完毕，我便带着宝贝们去李大爷家领羊。

　　李大爷是村里的养羊专业户。六十多岁的老人了，精神却好得跟年轻人一样，他家里喂养有三十多头羊。

　　我们沿着弯曲的青石小路，朝李大爷家走去。梅多在前面疯一般地飞跑，涵奕在后面紧紧追赶。

　　梅多从小便非常喜欢小动物，似乎也天生就有一种和小动物亲近的本领。平时在家，就喜欢喂养小狗小猫。因此刚刚一听说要放羊，便高兴得手舞足蹈起来。

转过一棵大槐树，再拐过一条小路，一阵"咩咩"的叫声就传了过来。

涵奕在一户人家门口站定，很肯定地说："爸爸，我们到了，就是这家了。"

我问涵奕："这边上连着有三户人家，你怎么知道这就是李大爷家呢？"

"爸爸，这个呀，我自然有我的道理，想知道吗？要先答应我一件事情。"涵奕得意地望着我，故意卖起了关子。

我看着涵奕胸有成竹的样子，十分开心，便爽朗地回答他："好，只要你说得有道理，爸爸一定答应你。"

涵奕说："我想让你回北京了带我去长城。"

原来涵奕还惦记着上次因为临时有事，去长城的计划暂时取消的事呢。我答应了涵奕的要求，承诺回北京后，立马带他去长城玩。

涵奕听完，开心地笑起来，他详细地为我讲述了他的理由："第一，在这家门外就能听到小羊的叫声。第二，这家院子的羊粪味道似乎比别的更浓烈一些。"

我转身问梅多："哥哥说得有没有道理，是不是这样呢？"

梅多用手扇了扇鼻子，看着我点了点头。

我逗宝贝们说："你们的观察力都不错呀，看来咱们是英雄所见略同啊，哈哈。我们一家都是英雄好汉。"大家一起笑了起来。

涵奕敲了敲门，果然是李大爷家。他出来给我们开了门。宝贝们向李大爷问好。李大爷因为宝贝们的到来，显得非常热情和开心。

打完招呼，我们便打量起这个小院来。这是一处简单的农家小院，院子里放着各种各样的农具。在院子的西侧，有一个用砖头垒起的羊圈，几十只羊被圈在里面，它们正在里面焦急地等待着出圈吃草呢。

在宝贝们跟李大爷询问羊的各种趣事的过程中，其他几个小朋友也陆陆续续地到齐了。

李大爷为宝贝们详细地说明了放羊的技巧和难点后，便打开圈给宝贝们分羊。

梅多年龄小，和另外的两个同龄小朋友，各自领到一只看起来比较温顺的小羊羔。涵奕年龄大一些，就和其他大一点小伙伴一起，领取了相对大一点的羊。

大家领好各自的小羊后，就欢声笑语地出发了。

天空蓝蓝的，万里无云，小溪在村边潺潺流过，小鸟在树上唱歌，羊儿"咩咩"地叫着。小朋友们牵着各自的小羊，朝山坡上走去。

梅多的小羊羔有些不听话，梅多牵着绳子，有好几次险些就被它拉倒。

　　涵奕看到了，在前面大声提醒妹妹："抓紧绳子，抓紧绳子啊。"

　　梅多抓着绳子，可力气似乎并不比小羊羔大多少。不一会儿，她的脸上便冒出了细细的汗珠。

　　我扯了一把青草走过去，蹲下来，温和地看着梅多说："梅多不急，小羊羔可能是肚子饿了呢，我们给它点青草试试怎么样？"

　　梅多点点头，接过我递来的青草，慢慢朝小羊羔靠近。

　　可是，也许是因为陌生的缘故，小羊羔还是远远地躲着梅多，任凭梅多怎么召唤，就是不靠近。

　　我告诉梅多："不要气馁，更不能放弃，再试试看。"

　　梅多拿着青草，蹲下来，静静地望着小羊羔。也许是被梅多的诚心感动了，过了一会儿，小羊羔终于试着慢慢靠了过来。

　　终于成功了！梅多开心地朝我竖起了大拇指。

　　吃过青草后，小羊羔果然听话很多，梅多终于顺利地将小羊羔牵上了山坡。

　　山坡上的草儿又绿又嫩，羊儿最喜欢吃了。

　　几个"小羊倌"一起将羊儿赶到草地上。羊儿不再四处撒

欢，温顺地啃起草来。

我和宝贝们一起坐在草地上，一边看羊儿吃草，一边聊着天。

聊着聊着，涵奕忽然对我说："爸爸，人们骑马，那可不可以骑羊啊？"

我笑着回涵奕："你看看，羊儿这么小，你这么大，能骑得了吗？"

我的话刚说完，涵奕便不依不饶地反驳："爸爸，不能因为羊儿小就不能骑的吧。我们家的车还是小的呢，可是能坐上我们一家人。不是有马车吗，那怎么不可以有羊车呢？"

我有些哑口，涵奕讲的绝不是毫无道理。小车可以坐大人，小羊当然也可以拉大车了。宝贝们的思维逻辑，有时候真的比成人更活跃。

涵奕接着说："爸爸，我们也造一个羊车坐坐吧。"

涵奕的话刚一出口，立马便引来了梅多的支持和赞同："爸爸，我要坐羊车，我要坐羊车。"

就在梅多大声欢呼的时候，其他几个小羊倌插嘴："就是小羊拉的车吗？李大爷家就有一辆呢。"

这话立马引来了涵奕和梅多的质疑："是真的吗？"

"当然是真的。"小伙伴说，"李大爷还经常带我们坐羊车去玩呢。"

居然有这么巧的事情，我和宝贝们都有几分艳羡了，决定回去好好央求李大爷，让宝贝们坐一坐他的羊车，开开眼界。

待羊儿吃饱，我们赶着羊儿开心地往回走。一路上，羊儿你追我赶，不断地撒欢。梅多不时地追赶着，还学着羊儿"咩咩"地叫，惹得大伙一阵哄笑。

我们刚到村口，就获得一个大惊喜。精神抖擞的李大爷，已经驾好了羊车，正在等候着我们呢。

原来早下山的小伙伴，已将宝贝们想乘坐羊车的愿望，提前告知了李大爷。

尽管羊车只是用简单的农用车改造的，但八只大山羊，木制的大车轮，再加上精神抖擞的驾车人，使羊车显得十分威风。

几个淘气的小伙伴还找来了彩带，系在山羊的犄角上。羊儿走动的时候，彩带随风飘扬，实在是漂亮极了。

宝贝们兴奋地跳上了羊车，在李大爷的指挥下，操纵着缰绳。

土坯黄墙，青石板路，羊车在村里的小巷随意穿行着，独特的感受，让宝贝们异常兴奋，他们一路欢呼着。

为了让宝贝们和小羊多一点亲密接触，晚上老村长便安排我们住在了李大爷家。

吃过晚饭，李大爷用锅烧了一大锅热水，然后取了一个大盆子，将热水和一些粗粮混合在一起搅拌起来。

涵奕好奇地问李大爷："这样做是干什么的呢？爷爷，这是给小羊吃的吗？"

李大爷笑笑说："这呀，是给小羊开小灶，让它们快点长大呢。"

我和梅多依在羊圈边，看着小羊"咩咩"地一边叫一边进食。

李大爷又将一些干草丢进羊圈。几只贪吃的小羊，便又跟过来争抢。它们的肚子吃得饱饱的，嘴里还发出奇怪的"咕嘟、咕嘟"的声音。

喂完小羊，李大爷又开始挤奶，一刻也不闲着。

几只母山羊乖乖地站在羊圈边上，大大的奶袋垂下来，宛如两只硕大的葫芦瓢，一荡一荡地。李大爷的动作纯熟，很快便挤了两大桶羊奶。

涵奕在边上看到了，跃跃欲试。

李大爷便唤涵奕进了羊圈，让他亲自尝试。

由于不得要领，涵奕第一次动手时，将奶水挤到了地面上。第二次再挤的时候，还是不入门，结果挤得满脸都是。白花花的奶水从涵奕脸颊上淌下来，惹得大伙一阵大笑。

梅多说："爸爸，养羊原来这么难呢。要放羊，喂草，还要挤奶。"

我点点头，说："是呀，做什么事情都不容易，你看李大爷多辛苦，我们要不要帮李大爷做些事情呢？"

梅多转过身，对李大爷说："爷爷，我们也帮你做点事情好吗？"

"不用了，谢谢你呀，小朋友真懂事。"李大爷笑呵呵地，又接着说，"羊奶最接近母乳了，营养价值很高。等下我取点新奶熬熬，然后加上冰糖给你们尝尝。我保证你们永远忘不了。"

李大爷熬制的鲜奶，果然味道鲜美，喝了口齿生香，让人难以忘怀。

后来，我们在院子里聊了很多关于养羊和山村故事的话题。直到月儿斜进西厢，夜凉如水，我们才各自回房休息。

　　如何培养孩子的观察力？有家长说，可以用文字啊，图像和玩具啊。殊不知，文字大多是抽象的、概括的，有隔靴搔痒之感。图像、模型和玩偶虽然可看也算可感，但毕竟跟真实的事物有差别，宝贝们也得不到互动的感受。所以，最好能让宝贝们亲自去看，亲自去听，亲自去接触，这样才能让宝贝们形成清晰可感的印象，这样的互动才能让宝贝们获得心灵的体验。

　　观察力强的宝贝，智力水平明显高于观察力弱的。爸爸妈妈应注意在日常生活中发展宝贝的观察力。兴趣是引导宝贝进行观察的内在动机。爸爸妈妈应当采取各种办法，如讲故事、讨论问题等，引导宝贝去观察和认识周围的世界。要根据宝贝的不同年龄和智力发展水平，给予不同的观察方法的指导，使宝贝能够深入全面地把握观察对象，感知到比较全面的信息。

　　宝贝们虽然年纪小，但观察力都不容小觑，且自有一套思维逻辑。爸爸妈妈如果平时多注意引导和启发，并多加鼓励，宝贝们一定能带给你很多惊喜。

8月13日 星期二　　　多云

　　今天，我跟小朋友们一起去放羊，小羊像白云一样到处都是。我们拿青草喂羊，小羊可听话了。后来李大爷请我们坐羊车，八只小羊拉一辆车，我们在村子里逛街，真是帅呆了。

4 床单出汗了

　　睡到半夜里，朦朦胧胧中，我忽然感觉身下一阵热，一下子惊醒了。

　　起身拉亮电灯，转身去看宝贝们。我发现梅多也醒了，不知道是我起身拉灯惊醒了她，还是此前她自己醒来的。

　　梅多侧身蜷卧着，表情不太自然。看见我坐起身，她也跟着坐起来。

　　坐起身的时候，我手按在了床单上，突然感到手下一片湿漉漉的。我露出疑惑的表情，说："床单怎么湿了？"

　　梅多看见我的表情后，喃喃地说："爸爸，床单出汗了。"

　　其实，我的话刚一出口，就有点后悔了。床单上那么大一片湿漉漉的，能是怎么回事呢？想起晚饭后宝贝们喝的羊奶，我有点惭愧。因为白天太累，我一躺下就睡着了，竟然忘记叫宝贝们起夜了。

平时在家的时候，如果宝贝们晚上喝水多的话，妻子总是会记得半夜里叫宝贝们起床尿尿。做妈妈的，似乎生来就比爸爸更细心一些。

这次没有妈妈随行，我已经一路小心了，却还是有疏忽啊。

不过，让我欣慰的是，梅多已经意识到自己犯了错。而且她还懂得婉转地表达自己的意思，这小脑瓜比我想象的聪明很多啊。

我在心里笑，女孩子就是女孩子，有些事情，总是害羞的。

我跳下床，将涵奕叫醒，然后从行囊中找出一条新床单换上。

我将刚刚"出汗"的床单放在床边的椅子上，对梅多说："乖宝贝，床单出汗了，我们明天晒晒就好了。"

然后我拉着梅多和睡眼惺忪的涵奕，一起去外面小解。涵奕半夜被吵醒，还有些起床气，一直嘟嘟囔囔的。

回到房间，涵奕倒头就睡。我上床，将宝贝们的被子拉上。

我知道梅多还没有睡着，便轻声对她说："早点睡吧，明天我们还有事情呢。"

梅多没有回话，只是轻轻地点了点头。

我关了灯躺下。黑暗中，我能感受到梅多还有点反侧难眠。许久后，梅多的鼾声响起，我也慢慢睡着了。

第二天早上，我挣扎地醒来，突然发现梅多不见了。

这时，院子里传来"刷刷"的声音。我从窗外望出去，梅多正蹲在水池边，吃力地搓洗着什么。我回头看看椅子，昨晚换下的床单已经不见了。我突然明白了。

梅多一直比哥哥涵奕更勤奋，更爱干净一些。四岁多一点的时候，看到妈妈洗衣服，便要跟着学。宝贝们主动要干活，我和妻子当然很高兴，后来就慢慢教他们洗衣服和做一些力所能及的家务。

梅多现在已经学会洗小件的自己的衣服了，而且她还知道内衣和外衣，深色衣服和浅色衣服都要分开洗。

看梅多洗得辛苦，我和这时也醒过来的涵奕赶紧起床，一起去帮她。

晾好床单，吃过早饭，我便带着宝贝们出去散步。

我一边走，一边教宝贝们认识山中的植物，车前子、栀子、金银花和野菊花，我还告诉宝贝们，这些植物都有哪些药用价值。涵奕津津有味地听着。

我看梅多还有点闷闷不乐，便对她说："爸爸小时候呀，也尿过床呢。有好几次呢，爸爸睡着睡着，突然感觉发大水了，哇，好大的水呀，把你奶奶都冲走了呢。"

梅多"扑哧"一声，终于露出了笑脸。

我接着又说："其实呢，每个人小时候都尿过床，不用觉得不好意思。只要长大以后不再尿床就好了。不过呢，以后咱们都要注意，晚上睡觉前不能喝太多的水，否则半夜说不定床单又要'出汗'了呢。"

梅多羞涩地点点头，轻声说："爸爸，我知道了。"

　　天底下，没有哪个爸爸妈妈不对自己的宝贝充满成长的期盼。每当看到人家的宝贝勤劳懂事、表现杰出，大多就会埋怨，自己的宝贝怎么那么娇生惯养，什么也不会做啊。其实，有时不是宝贝们不会做，而是爸爸妈妈没有给宝贝们自己动手、表现潜能的机会。

　　很多家长对宝贝们的关爱无微不至，什么事情都替宝贝们办好。但久而久之，宝贝们就会生出惰性，心想反正爸爸妈妈一定会伸手援助，便乐得坐享其成，让自己的"天资"睡着了。这样当然是不利于宝贝们的成长的。

　　所以，让宝贝们从小事做起，学些洗衣、扫地等简单的事情，这一点非常重要，因为这是培养他们自立的重要一步。而且，当宝贝们自己动手做、开口说时，爸爸妈妈们应给予他们赞美和鼓励。只有这样，才能培育出勤劳的宝贝。

5 挑水也有大道理

小李村吃水困难，除了偶尔的几户人家有自制的压水机外，大部分村民家的日常用水，都需要从后山的一条小溪获得。

吃过中饭，我便决定带宝贝们跟老村长和村民们一起去担水。

我们向李大爷借来了一大一小两副扁担。大的就跟我们在电视中看到的一样，再借来两只水桶，就成一个挑子了。小的其实就是一根一米多点的竹竿，两端各凿了一个卡口。李大爷又帮忙找来了两只小油漆桶。

宝贝们对这个"小挑子"非常感兴趣，抢得不亦乐乎。

后山的小溪离李大爷家大概有七八百米的距离。梅多和涵奕一人拎着一只水桶，在前面欢呼雀跃地走着，我挑着水桶拿着竹

竿，跟老村长在后面边走边聊。

老村长说："山村用水困难，打一个压水机需要一千多，所以大部分村民还是选择到后山去挑水。"

我说："那不是很辛苦吗？"

老村长说："大家世世代代都住在这里，一直都是担水过日子，也都习惯了。而且，溪水比井水更甘甜，你们一会也尝尝。我们的溪水干净清澈，无污染，比你们城市的自来水强得多了。"老村长说完，朝我笑了笑，黝黑的脸庞上露出饱经风雨的沧桑。

不一会儿，我们就到了目的地。展现在我们眼前的，果然是一条清澈无污染的小溪。

溪水哗啦啦地唱着歌，梅多和涵奕开心极了，他们一边嬉戏着，一边往桶里装水。很快，他们便装了满满一大桶。

村长说："孩子们，慢慢来，水不要装太满，有七八分就行了。"

涵奕好奇地问："爷爷，为什么不要装满呀，我们好不容易来一趟的呀。"

"你看，孩子们多懂事。"村长朝我笑笑，转头跟宝贝们解释："水装太满了，容易溅出来，还不如不装那么多。"

梅多拉着我的手说："爸爸，真的是这样吗？"

我点点头，然后说："我们以前学过一句话，叫'谦受益，满招损'，爸爸当时是怎样给你讲的呢？"

梅多一时没能答得出来，急得直挠头。

我安慰梅多说："不急，再想想。"

过了一会儿，梅多忽闪着大眼睛，对我说："爸爸，我记起来了，你说的是做人不能自满自大，要不就会受到损失，谦虚才能让人受益。是不是这个意思呢？"

我高兴地猛点头，将梅多拉过来，说："我们家梅多就是厉害，还记得爸爸讲的道理呢。"

就在这时，涵奕提着水桶走过来："爸爸，我也知道了。做人不要做得太过分，要给人留一点余地，对吧？"小家伙说完，放下水桶，朝我扮起了鬼脸。

我朝他的水桶里看过去，果然只装了七八分的样子。

我挑着我的那担水，梅多和涵奕两人轮流挑着他们的小担子。七八百米的山路，我们走走歇歇，还累得直喘气。

实在累了，我们便坐在路边的青石上休息。

梅多忽然叫起来："爸爸，哥哥，你们快看，多美的太阳啊！"

已近傍晚，一轮血红的残阳，正悬挂在山巅的树梢之上。远处人家的屋顶上，已升起冉冉的炊烟。

实在是太美了！这样的黄昏，这样的景色，以前只出现在书上和电视上，此刻却真实地呈现在我们的面前。

我和宝贝们停止了攀谈，静静地望着，静静地感受着。

暮色苍茫的时候，我们终于将水挑回了李大爷家。

一回到院子里，宝贝们便坐在门槛上，大口大口地喘气。

我将宝贝们唤了过来，让他们自己看看挑回来的水。原本七八分满的水，现在连一半都不到了。

梅多大叫道："爸爸，怎么这么少的水啊？"

涵奕也同样吃惊地望着我。

我故意吃惊地问："是呀，我们的水哪里去了呀？"

梅多说："我知道，路上洒了。"

涵奕自言自语地说："真不容易呢，好不容易担回来，只剩下这么一点了。"

"是呀，太不容易了，所以呀，以后我们要……"我故意停顿了一下，递眼神给宝贝们。

宝贝们领会了我的意思，将小手递到我的手里，异口同声地说："爸爸，我们知道了，以后要珍惜用水，节约用水。"

中国有句俗话，"三岁看老，起小看大"，这就告诉我们，要从小培育宝贝们的善心与善行。爸爸妈妈要培育宝贝从小事做起，做善事，及至长大成人，再纠正就很难了。

做大事必重细节，要成功必须注重积累，教育宝贝们一定要从小事抓起。"勿以善小而不为，勿以恶小而为之。"要从宝贝们的心理、性格、学习、习惯、能力、道德、处世、饮食、运动等多个方面来捕捉宝贝成长过程中的细微倾向，及时而有效地加以引导。只有这样，才能给宝贝们未来的成功，打下坚实的基础。

⑥ 宝贝的**性教育**

在老村长家和李大爷家住过之后，我们今晚换住到一户无人居住的农舍。

站在院子里，我对宝贝们说："今天晚上，我们要住在屋外边，'幕天席地'，跟星星对话。"

我的话音刚落，梅多就扑上来，在我的脸上亲了一口："爸爸，我太爱你啦。"

涵奕也高兴得满院子转圈。

其实，我这个主意，也是刚刚想到的。

我的行李箱中就带着睡袋和吊床，这院中的几棵大树刚好可以用来扎吊床。这样既能睡觉休息，又能观察星空，一举多得。不光宝贝们会喜欢，我自己也有几分向往。

因为大家的兴致都很高，事情进展得非常顺利。

我们先选好位置，然后拴绳子，打结，不到二十分钟，吊床便稳稳地挂在了大树之上。

吊床刚挂好，梅多和涵奕就急急地跳了上去，然后往后轻轻一仰，便舒舒服服地躺在了吊床上。他们在上面晃动着身子，荡呀荡，快乐极了。天幕上的星星似乎也配合着吊床的晃动，一闪一闪的，非常漂亮。

看着宝贝们快乐的样子，我的心里感到满满的幸福。

宝贝们着迷于吊床的晃悠，一直玩个不停，不肯下来。

但宝贝们还没洗漱呢。劳累了一下午，泥土和汗水不少与我们接触，大家都脏兮兮的。必须让宝贝们好好洗一个澡，然后晚上睡觉才舒服。

我先将梅多叫起来。

梅多不愿意离开："爸爸，爸爸，让我玩一会儿再洗。"

我告诉梅多："做事情要有先后顺序，先洗澡，再休息，这样事情会处理得更好。而且，爸爸最爱讲卫生的小宝贝了。"

梅多听从了我的建议，依依不舍地从吊床上跳下来。

这处农家没有大的浴盆，只有一个塑料的脸盆和一只葫芦做成的水瓢。

梅多脱了衣服，自己拿了水瓢，舀水往身上浇。

我问梅多："水凉不凉？"

梅多一边往身上浇水，一边回答我："爸爸，很凉快，很舒服呢。"

洗了一会儿，梅多突然问我："爸爸，我长大以后，会不会和你一样有小鸡鸡呢？"

我看着梅多，想了想，说："小鸡鸡是男孩子才会有的，爸爸是男孩子，所以爸爸有小鸡鸡。你是女孩子，所以你不会有小鸡鸡。你长大了，会像妈妈那样喔。"

梅多感叹说："做男孩子真好呀，有小鸡鸡，可以站着尿尿呢。"

我应了一声："是呀！男孩子和女孩子是有区别的，男孩子可以站着尿尿。不过，女孩子呢，虽然不能够站着尿尿，可是女孩子长大了可以生出可爱的宝宝，还可以穿漂亮的裙子，这不是也很好吗？"

梅多不再发问，她一边玩水，一边愉快地哼起歌来。

梅多洗完后，我又将涵奕叫过来。

涵奕很开心，一边洗澡，一边跟我研究天上的星星。在涵奕的心目中，天上的星星都是用宝石做的，所以才会一闪一闪亮晶晶的。

在协助涵奕洗澡的过程中，小家伙还不时地提醒我，要我小心点，不要浪费水，他要将他的洗澡水留给院外的花草呢。

帮两个小宝贝洗完澡，我带他们回到吊床上，让他们钻进睡袋。

我将蚊香点燃，放在吊床的一侧。袅袅的烟雾慢慢升起。

山村慢慢寂静下来，狗的"汪汪"声和羊的"咩咩"声也慢慢地小了。

我和宝贝们躺在吊床上，数着天上的星星，聊着美丽的故事和传说。不知从何处飞来的萤火虫，一闪一闪地，在我们的周围飞舞着，像是一盏盏燃起的灯笼，美丽极了。

在我国，因为传统观念的影响，爸爸妈妈几乎很少在宝贝们面前谈到性话题，甚至在宝贝们谈到性话题的时候，还选择故意回避。

事实上，宝贝们在成长到6岁左右的时候，就开始有明显的性意识了。这个时段宝贝们的性提问，往往是漫不经心的，并没有怎样深思熟虑，更不是为了要探讨两性关系，只是出于好奇。因而，对于宝贝们的疑问，爸爸妈妈们不要过分紧张和严肃，也不要欺骗和回避，而应该用不超过宝贝们的好奇范围和理解能力的话语，自然坦诚地回答。

而且，爸爸妈妈们要适时告诉宝贝怎样保护自己，明白自己的身体边界，懂得防范性伤害。爸爸妈妈若表现得窘迫与羞怯，有时会加重宝贝们的好奇心，使他们对于所提的问题耿耿于怀，牢记在心。当然，宝贝们的性教育最好由同性别的人进行，这样更能体现出隐私与尊重。

8月14日 星期三　　　晴

　　今天，我们跟村长爷爷一起去挑水，挑水很辛苦，要去村子后面的山下。我们开始不会挑，后来爷爷告诉了我们一个好方法，我们也成功地挑回了水。我记住了村长爷爷的话："水不要装太满，有七八分就行了。"

7 开着拖拉机去赶集

第四天，我们起了个大早。因为，我们要跟老村长一起去赶集。

说到去赶集，梅多和涵奕都非常兴奋。

涵奕问我："爸爸，什么是赶集呢？"

我告诉他们："赶集是民间的一种风俗。在交通不发达、物质不丰富的农村和山区，没有大商场、大超市，村民们怎么才能买到生活中需要的东西呢？他们啊，就会在几个村子的中心地带，找个宽敞的地方，做成一个临时的集市。这个集市呢，可不像我们那的农贸市场天天都有。村民们还得干农活呢，而且集市也远，不能天天来回啊。所以呢，这个集市只在固定的日子里才有，村民们也只有在这样的日子里才能聚集到一起买卖东西。这个就叫'赶集'了。"

梅多说："爸爸，是不是跟我们去商场购物一样呀？"

我拉着梅多说："嗯，就跟我们节假日去超市购物一样，不仅人多，商品多，而且非常热闹。"

梅多拍着手叫起来："喔喔，我们可以去买东西咯。"

于是大家收拾完毕，便往老村长家里赶。

集市很远，在离小李村七八里的镇上。这么远，当然不能走着去了，所以我们要搭乘老村长家的拖拉机去赶集。

老村长先给拖拉机加好水、加好油，然后将几个菜篮放上了车后的拖厢。

老村长一边做事，一边给宝贝们讲赶集："现在呀，已经很少说'赶集'这个词了，人们都爱说'逛街'。不过，山里人的赶集，要比你们城市的逛街热闹多啦。"

讲到得意处，老村长还给我们哼起了曲子："从春忙到大秋里，腌上了咸菜忙棉衣，杂花子粮食收拾二斗，一心要赶荆紫集。荆紫南关把粮食卖，卖了粮食置买东西，买了江南的一把伞，又买了圆正正的一把笊篱。槐木扁担买了一条，担粪的荆筐买了两只，零碎东西买完毕，饸饹铺里拉驴转回家里。"

虽然涵奕和梅多不大能听懂曲子的意思，但还是听得入了迷。

趁着还没出发，我把宝贝们，还有老村长9岁的孙子石头，叫拢在一起，然后摘了一片树叶，揉碎了在拖拉机的后拖厢上写下了"集"字。

我指着这个字说："你们看，这个字下面有一个'木'，就是说有一棵树，然后，有一只小鸟飞来了，它落在了树上。"我一边说一边伸出双手做飞翔的动作，然后提高声音，"可是呢，只有一只小鸟实在是太孤单了，怎么办呢？哗啦啦又飞来了一只鸟，过了一会儿又飞来一只，一只又一只的小鸟，都飞过来落在了树上，组成了这个样子。"我指向"集"字上半部的"隹"，"后来呢，人们就造出了这个'集'字。现在，你们知道'集'是什么意思了吗？"

涵奕说："爸爸，'集'就很多鸟聚在一起。"

我对涵奕伸出大拇指："对了，'集'就是聚集的意思。涵奕今天表现得很棒，等会到集市上了，奖励一支棒棒糖。"

梅多立马说："爸爸，我也要棒棒糖。"

我说："哥哥刚才是答对了问题，所以才奖励的。你如果也想要棒棒糖，就告诉爸爸，'集'可以组什么词呢？"

梅多托着腮，大眼睛一眨一眨地，过了一会儿，忽然将双手围在嘴巴上，大声叫："同学们，集合啦，开会啦！"

我有点诧异。

梅多推了推我的手臂说："爸爸，老师讲，开会的时候要先

'集合'，那'集合'就是一个词了。"

我对梅多的表现十分满意，便答应道："一会儿也奖励梅多一支棒棒糖。"

梅多高兴极了，她转身拉着石头的手说："你也赶紧说一个，等会儿我爸爸要奖励我们棒棒糖呢。"

石头转过头，用夹杂着乡音的普通话对我说："我们现在要去'赶集'，'赶集'就是一个词了。还有呢，爷爷喜欢把大白菜'堆集'在地窖里。还有呢，老师说，大家要爱护'集体'的公共财物……"一会儿工夫，他就说出了好几个用'集'组成的词。

梅多和涵奕一个劲地鼓掌，都用很佩服的眼光望着石头。

石头摸摸小脑袋，不好意思地笑了。

其他都准备好了，我就去抱宝贝们上拖厢。

我先将梅多和石头抱上去。待我抱涵奕的时候，小家伙说："爸爸，让我自己来，我已经长大了。"

我告诉他："车厢太高了，你个子有限，自己爬会有危险。还是爸爸帮你吧。"

把涵奕抱上去后，我自己也上了拖厢。

宝贝们一上到拖厢，就高兴得手舞足蹈。

涵奕说："爸爸，这个车太威风了，我们也买一个吧。"

梅多也附和着说："是啊，爸爸，我们也买一辆吧，这样我们就可以自己开，妈妈上班也不会太累了。"

老村长发动起了拖拉机，"突突"的声音把三个孩子都逗乐了。

梅多和石头一边笑，一边学着拖拉机的声音。

涵奕一手抓着车厢的横栏，一手在空中挥舞："村长爷爷太帅了，长大我也要当拖拉机司机，开着车跟村长爷爷一起去赶集，突突，突突。"

涵奕喜滋滋的劲头，逗得大家哈哈大笑。

拖拉机"突突突"地在蜿蜒的山路间行走着。远处是连绵起伏的山峦，近处是碧绿的一片，山楂、桃树、白杨和松柏，在我们眼前一一掠过。

集市不大，但很热闹。十里八村的村民们，都带着各自的货物，来这里做买卖。

老村长将拖拉机停在集市外的一块空地上，我和宝贝们，还有石头都下了车。

放眼望去，集市上有简单的石阶摊位，也有直接摆在地上的。新鲜水灵的白菜，又大又红的西红柿，圆圆滚滚的大西瓜，顶花带刺的黄瓜，紫得发亮的茄子，活蹦乱跳的鲫鱼……各种各样的货物，摆得满街都是。

村民们的吆喝声，也此起彼伏：

"地雷西瓜，不甜不要钱！"

"新摘的黄瓜顶花带刺，一块五一斤啦！"

"草莓草莓，大棚的温室草莓，不好吃包退！"

"……"

为了给宝贝们一个新奇的体验，进入集市之前，我给三个孩子安排了任务：

每人分给5块钱，然后各自去买菜，每人至少买四种，看谁能用最少的钱，买最多的蔬菜。

孩子们觉得很好玩，拿到钱后，就提着篮子各自散开了。

经过一番四处寻找，讨价还价，二十分钟后，孩子们提着篮子，在规定的地方集合了。

我首先查看梅多的成果。她的篮子里装了三个土豆，两个西红柿，一根大葱和一颗小白菜。除了篮子里的青菜外，手上还多了一根冰糖葫芦。

我让梅多给大家讲讲自己的买菜经历。

梅多说，自己最先看到大土豆，非常喜欢，就买了三个，花费2元钱。随后又花1元钱买了西红柿。在看到冰糖葫芦的时候，实在是忍不住，就先买了一根，花了1元钱。剩下的1元钱，买了一颗小白菜，卖菜的阿姨觉得她长得很可爱，就另外赠送了一根大葱。

涵奕的篮子装得比梅多满一点。里面有三个西红柿，两根黄瓜，两个茄子，三颗大蒜，一把油麦菜和一把韭菜。

涵奕的讲述是，三个西红柿，花了1元钱；两根黄瓜，1元钱；一把油麦菜，七毛钱；两个茄子，花了1.2元钱；最后手里只剩1.1元钱了，就到一个叔叔摊前买了三颗大蒜和一把韭菜，原本要1.5元的，但经过讨价还价最后以1.1元成交了。

最让大伙吃惊的是石头。他的篮子被装得满满的，里面除了西红柿、黄瓜、大白菜、萝卜和茄子外，还有两个小甜瓜。

石头说，他花2元钱买了一个阿姨家的西红柿、萝卜和茄子。剩下的3元钱，他向另外一个阿姨买了大白菜和黄瓜。那个阿姨夸奖他，说他这么小就很懂事。他告诉阿姨，他每个星期都会来这里赶集，帮爷爷买东西。阿姨听了非常高兴，就把自己卖剩下的两个小甜瓜免费送给了他，并嘱咐说，以后买菜都要到她的摊位上买。

我跟孩子们一一讨论分析钱的使用问题，还有讨价还价的技巧。

此时，天色已近中午，老村长也买好他需要的东西回来了。我们一起开着车往回赶。

晚上我们又借住在老村长家。

梅多和涵奕已经跟石头混熟了，三人一会儿玩石子儿，一会儿猜谜语，玩得异常热络。直到晚上九点多钟，才依依不舍地各自回房间休息。

朦胧的月色从窗外升起，山村的夜晚美得醉人。梅多和涵奕已经入睡了。

我打着扇子，一会儿欣赏窗外的美景，一会儿端详我可爱的宝贝们。

梅多的唇角轻轻地合拢着，美丽的额头沁出细微的汗珠。涵奕背对着窗户侧卧着，有序的鼾声在无边的夜幕中传播着。望着宝贝们恬静的睡颜，我的思绪飞得很远很远。

我的宝贝们，你们原本完全可以跟别的小朋友一样，在城市里享受便利舒适的生活的。但是，我更希望你们能够多经历一些磨难，多吃一点苦，这样在你们以后的人生旅途中，无论遇到什么样的困难和挫折，你们都能够勇敢面对。

夜更深了，我也上床去睡了。待明天天亮，我就要和小宝贝们回北京去，回到妈妈身边了。

　　要培养宝贝们的阅读能力，必然需要先让宝贝们多识字。目前市面上的宝贝识字教材琳琅满目，其实，无论哪一种识字教材，都不如爸爸妈妈亲身讲述和示范更有效果。爸爸妈妈们可根据宝贝们不同阶段的记忆能力及兴趣制作一些字卡，通过讲述相关的一些故事，或设计相应的游戏，来增加宝贝们的识字量。宝贝们也可以自己参与编故事，通过这种方式，既能丰富宝贝们的想象力，也能提高宝贝们的语言表达能力和逻辑思维能力。爸爸妈妈在过程中多加以引导和启发，宝贝们还能记住一大串词组。

　　关于培养宝贝们的理财能力，中国的爸爸妈妈大多是滞后的。有一项调查问卷显示，当问到如何教宝贝们学习理财的问题时，56%的家长回答只做了一件事：那就是教宝贝们分辨钞票的金额。这明显是不够的，有的家长甚至让宝贝们产生一种错觉，爸爸妈妈的钱是永远用不完的，什么东西都能买得到。我的教育理念是，与其让宝贝们困惑，还不如及早加以正确引导。首先，要让宝贝们明白钱的价值；其次，要让宝贝们知道金钱来之不易，要珍惜手上的每一分钱，认识到"节俭是一种美德"；再次，就是要让宝贝们有花钱的体验，知道怎样合理利用金钱。

8月15日 星期四　　　晴

　　今天，爸爸带我们去赶集，集市上很热闹，卖什么东西的都有。爸爸要我们自己去买东西，还要我们珍惜钱，不能乱花。爸爸说，每一分钱，都是用汗水辛辛苦苦换来的，所以我们要珍惜。

第三站

爸爸，
海风在笑海鸥在唱

1 打包自己的行李上路了

　　前阵子带着宝贝们上了"山"，下了"乡"，这回我决定带宝贝们去看海。

　　晚饭后，我把梅多和涵奕一起拉到沙发上坐下，对他们说："宝贝们，告诉你们一个好消息。明天爸爸要带你们去三亚海边度假，你们高不高兴？"

　　"高兴。"宝贝们都欢呼起来。

　　我又接着说："但是妈妈呢，这次有事去不了，所以还是我们三人一起去。"

　　梅多眼圈一下就红了："要妈妈，妈妈也去，妈妈好久没有陪我们了。"说着说着就要哭了。

　　妻子走过来，抱着梅多说："妈妈有工作要忙，去不了，爸爸带你们出去，去海边给妈妈捡贝壳，捡好多好多贝壳，好吗？"

说到捡贝壳，梅多眼睛就亮了。她的思维一下子被牵到了海边，蓝蓝的大海，雪白的浪花，还有沙滩上五彩斑斓的贝壳……

梅多点点头，破涕为笑。

我故意咳嗽了一声，说："现在，爸爸要给你们一个任务，你们俩要自己收拾好自己的小行李。谁收拾得好，爸爸有奖励，快去吧。"

一听到有奖励，宝贝们立刻变得积极，马上要往房间跑。

我叫住他们，问道："要去海边，你们知道要带什么吗？"

"知道！"涵奕应了一声，就跑进他的小房间。

"我要带我的小熊熊。"梅多说完，也屁颠屁颠地跟着哥哥一起收拾东西去了。

我和妻子相视一笑，跟进宝贝们的房间去看他们的收拾情况。

只见涵奕把夏天的衣服全捣腾了出来，短袖的、长袖的等等，翻来翻去，不知道带哪件好。正收拾着，突然想起一个问题，就跑到我跟前问："爸爸，三亚在哪里？热不热？我们要去几天？"

我很满意涵奕的提问，因为懂得问这些，就说明他已经初步学会规划自己的行程了。我告诉他说："三亚比北京还热，我们要在那里呆三四天。"

涵奕点点头，又开始挑选起衣服来。

涵奕最终选定了自己最喜欢的三套夏装，连同洗漱用品，一起装进了自己的小行李箱。他想到去海边要游泳，又找来了之前去水立方游泳时买的泳裤。穿的、用的都收拾好了，涵奕又特地跑到书架找了一本书——《鲁滨孙漂流记》。

我看涵奕收拾得很有条理，便夸奖他说："好小子，你收拾得不错啊，把爸爸的精华都学会了。"

涵奕哈哈地笑着："不是学爸爸的，我是学妈妈的。妈妈每次出差都把行李收拾得特别好。"

我逗涵奕说："学你妈的是不？小心爸爸不带你去了，反正妈妈也不去。"

涵奕赶紧讨好："爸爸，妈妈也是学你的呢。"

我看了眼涵奕行李箱里的书，问他："出去玩，你还有时间看书吗？"

涵奕说："这个暑假老师推荐我们阅读《鲁滨孙漂流记》，是岛上旅游的故事，说很好看的。"

妻子笑着说："那不算旅游，那是野外生存。"

涵奕说："哦，对，是岛上一个人生活。我可以在飞机上和睡觉前看。我还要写日记，把去海边旅游的经历记下来呢。"

梅多那边似乎也收拾好了，她把好几只心爱的小熊熊装到了行李箱，其他却什么也没带。涵奕说："妹妹，还有衣服呢，不带衣服穿什么？我们还要去海边游泳呢。"

梅多说："可是没有地方放了。还有小猴子都放不下了。"动物玩偶是梅多的最爱，无论走到哪里，她都不舍得丢下它们。

我劝说："我们就不带小熊去了，好不好？你的箱子还要给妈妈装礼物回来呢。"

妻子在一旁附和："是啊，你答应给妈妈捡贝壳呢。"

梅多想了想，要给妈妈捡好多贝壳，就把几只大熊拿了出来，接过妈妈递过来的衣服放好了，说道："哈哈，好了。妈妈，等我给你捡漂亮的贝壳回来呦。"

妈妈抱起梅多说："宝贝，真乖！"

收拾好行李，已经到睡觉的时间了。可涵奕和梅多依然很激动，他们又问了我和妻子很多关于三亚、关于海边的事情，好不容易才回去睡觉。

第二天早上六点不到，涵奕就起来了。他早早地刷了牙洗了脸，随时准备出发。可是梅多却还在睡懒觉。

涵奕跑到妹妹房间，大声叫妹妹起床。可是梅多眼睛睁了几下，就又转身睡去了。

"懒猪，起床啰。我们今天要去海边，你难道忘记了吗？再不起床，我和爸爸可就走了。"涵奕使劲拉妹妹起床。拉着拉着，梅多哭起来了。

涵奕见妹妹哭了，马上安慰道："不哭不哭了，起来，我们去海边捡贝壳，堆沙子，好多好玩的。"

看着涵奕会哄妹妹，我心里对这次没有妈妈的旅行，少了些许的担忧，也打心底有点欣慰。涵奕越来越像个小男子汉，懂得承担起一个哥哥的责任了。

梅多听哥哥说有好多好玩的，也就不再哭闹了，伸了一个懒腰，摇摇晃晃地起来了。

妻子见梅多也起来了，抱起来亲了一下说："我们的梅多今天起得真早，是不是为了给妈妈找贝壳起那么早啊？"

梅多点头，开心地说："嗯！我还要堆沙子。"

"那快去刷牙洗脸，一会儿吃完早餐就出发。"我说。

一切收拾妥当，我们准备出发。

涵奕力气很大，自己的小行李箱没要我帮忙就提到了车的后备厢。梅多的小行李包，妻子昨晚帮她收拾了一下，也装了不少。在下台阶的时候，梅多一不小心，差点摔倒了。涵奕看到了，马上跑过去搀扶着妹妹，小大人似的问有没有摔疼。

梅多咯咯地笑着说："没事的，哥哥，就像打了个哈欠一样。"然后，便跟着哥哥一起把包提到了车上。

我和妻子看着涵奕和梅多互相帮助，心里暖暖的，很开心。

宝贝们依依不舍地跟妈妈道了别，车子启动了。

一路顺利，我们很快就到了首都国际机场。把车停好后，我从后备厢把行李箱拖了出来。我吩咐涵奕提着自己的小行李箱，紧跟着我别走丢了。然后拉着梅多的手，来到了机场行李托运处。

涵奕和梅多都是第一次坐飞机，虽然机场内的人很多，但兄妹俩也不害怕，很乖巧地紧跟在我的身后。涵奕学着我，把行李箱交给了机场托运人员，然后有些担心地问我："爸爸，我们的行李不跟我们一起吗？"

我说："我们下了飞机，行李就到了。"

过安检的时候，我把打火机扔进了专门收危险品的盒子里。

涵奕不明白为什么不能带打火机，安检的阿姨摸了摸涵奕的头说："打火机是易燃物，带上飞机不安全，懂了么，小朋友？"

涵奕点了点头，还问了一句："那我们回来的时候，打火机还还给爸爸不？"安检的阿姨叔叔们都笑了。

我带着宝贝们坐上飞机，在空乘姐姐的帮助下给他们系上了安全带。过了一会儿，飞机就起飞了。

　　宝贝们显得很兴奋，一直往窗外看。涵奕看到房子越来越小，便好奇地问我："爸爸，爸爸，飞机要飞多高？"

　　"要飞到云的上面去，一会儿云都在飞机下面了。"

　　"那么高啊？！"涵奕有些不敢相信地惊叹道。

　　梅多由于起得早，有些累了，没多久就睡着了。涵奕则一直在好奇地看窗外的云朵。也许他在想云里面有什么，云下面是什么……

　　有人说，情感陪伴，是最好的教育。忙忙碌碌的我们，要多反省一下自己，是否陪宝贝们太少了。生活中，有多少爸爸妈妈，常常因为这样或者那样的理由，以一句"爸爸妈妈有事，你自己玩"搪塞宝贝们。宝贝们一天天在长大，我们一天天在变老，为何不在我们年轻的时候，也就是在宝贝们最需要我们陪伴的时候，多抽些时间陪陪他们呢？

　　自己收拾行李，这对宝贝们来说，是一个很好的教育课程，不仅能锻炼宝贝们的收拾能力，更能锻炼他们的规划能力。宝贝们一般都会带上自己喜欢的东西。爸爸妈妈要懂得教育宝贝，要学会针对不同地方、不同事情有条理地收拾合适的东西。要与宝贝们做商量式的"减法"，带上最重要、最需要的东西，少带甚至不带心爱的玩具。这个时候，说话方式很重要，如果过于强制的话，会伤宝贝们的心，影响他们出门旅游的兴致。所以，爸爸妈妈一定要学会技巧性地跟宝贝们沟通。

2 分享海上日出

　　到达三亚已经差不多下午五点钟了，但太阳依然火辣辣的，一阵阵的湿热扑面而来。

　　梅多流了许多汗，说："爸爸，三亚怎么这么热啊！会不会一下子就把我晒黑了啊？"

　　梅多的话，惹得大家哭笑不得。

　　到了酒店，跟妈妈报完平安后，我带着宝贝们去吃晚餐。

　　涵奕眨巴着眼睛说："爸爸，听说文昌鸡很好吃呢。"文昌鸡是海南"四大名菜"之一，肉质滑嫩，皮薄骨酥，香味甚浓，肥而不腻。我按照涵奕的愿望，给他点了文昌鸡。

　　梅多则要了个椰子饭。很少吃糯米的梅多，被色泽白净、饭粒晶莹半透明如珍珠的椰子饭勾出了胃口，埋头大吃。怕她噎着，我还给她盛了一碗鱼汤。

吃完晚饭，我们一起出外散步，欣赏三亚的夜景。海风习习，一些可爱的海鸥还没休息，"欧、欧"地飞着叫着。

人们说，到了三亚就不能不看海上日出。所以我就没有带宝贝们多逛，早早地回到酒店洗漱睡觉了。

睡觉前，我叮嘱宝贝们："明天一定要早起，要是睡懒觉，就看不到日出了。"

梅多和涵奕欢呼着，做起了拉钩的手势。

平常在家，梅多不是跟妈妈睡就是自己独自睡觉，今晚和哥哥一起睡，显得很开心。涵奕给妹妹盖好了毯子，也美美地睡着了。

看宝贝们都睡下了，我开始收拾明天一天在海边玩需要的东西。

独自带着两个宝贝去旅行，虽然已经好几次了，但很多细节还要小心照顾到。很多原本以为很简单的事情，真正做起来却发现并不是那么简单的。

虽然酒店离海边很近，但是第二天早上，我还是五点不到就把涵奕和梅多叫醒了。也许是太累了，宝贝们有点赖床，我叫了几次都还只是嘴上应着，不见实际行动。又费了半天劲儿，我才把他们叫起来。

终于到了沙滩。我将鞋子脱了，赤脚踩在沙滩上，十分舒服。涵奕和梅多也学着我的样子，脱掉了鞋子。柔软的沙滩，轻轻的海浪，宝贝们困意顿无。

"爸爸，太阳公公什么时候出来啊？"梅多问我。

"一会儿就出来了。"我回答说。

"我们都起床了，太阳公公还没来，是不是在睡懒觉？"涵奕俏皮地问我。

"太阳公公可不会像你们一样睡懒觉，它每天都会按时出来。所以你们也要像太阳公公那样，每天按时起床。"让宝贝们养成良好的作息规律，本来就是我和妻子一直有意去引导的，这会儿时机恰好，我便顺势规劝。

后来，我又用讲故事的形式告诉宝贝们，太阳是如何每天有规律地升起。还让宝贝们想想假设没有太阳有规律的升起，天乌黑乌黑的，那该如何玩呢？涵亦和梅多陷入了沉思，似有所悟。

等了不一会儿，远处的天空透出了诱人的绯红色。然后又显出樱桃红、粉红、胭脂红、鸡冠红……在光影的变幻下，各种红飞速地组合、分解、变化、再组合，大海的脸上也有了不同的光晕的闪烁。梦幻般的波光水色，为大海增添了几分羞涩和浪漫。

太阳终于露出了一条线。涵奕和梅多看到，便拉着我的胳膊说："爸爸，太阳出来了！"

我明白宝贝们的意图，便快速地掏出相机。涵奕和梅多早已摆好了pose。我把镜头对准两个小宝贝，快速地按下了快门。

宝贝们在红日初生时的剪影，成为我们后来美好的回忆之一。

海滩上看日出的游客很多。我们旁边就站了一对年轻的母女。

小女孩看到涵奕他们在拍照，也想拍，可是她的妈妈并没有带相机。小女孩的脸上露出浓浓的失望。

这时，我走过去，对她们说："你们好，我来给你们拍几张照片吧，看这日出多漂亮。"

小女孩非常高兴。她的妈妈便抱着她，让我帮忙拍了不少张照片。我留下了她们的联系方式，承诺以后把照片给她们。

涵奕看我只忙着给别人拍照，似乎有些不开心，走过来拉着我说："爸爸，快点啦。快给我和妹妹拍照。"

我笑着对涵奕说："你看，太阳公公这么无私地把光，把漂亮的美景送给了我们每一个人，我们也要无私地把快乐和美好跟别人分享，对不对？"

看到涵奕若有所悟的样子，我马上把相机交给了他，说："来，男子汉，给我和妹妹拍一张。"

涵奕开心极了，拿起相机就拍了起来。他还主动去给刚刚那对母女拍照片。给别人拍照片，涵奕似乎更开心。

这时，梅多走了过来，有些害羞地跟我说："爸爸，我想和那个姐姐一起拍照，可以吗？"

"当然可以了。你自己过去和那个姐姐说，好不好？"我鼓励梅多。

梅多得到鼓励，跑过去和那个小女孩说："姐姐，我们一起拍照吧。"说着，小手就拉起了姐姐。

这时，小摄影师涵奕早已把镜头对准了她们。

没有想到，三个偶然相遇的小朋友，就因为日出美景，因为一台相机，玩得这么开心，并且成为很好的朋友。

七点左右，太阳公公已经完全从海面跳出来了。

宝贝们在沙滩上嬉戏打闹着，一分钟都不愿离开。

我安慰宝贝们说，要先去吃早餐，这样咱们才有力气堆沙子、捡贝壳，还要去海里游泳。

涵奕和梅多听我这么说，才依依不舍地离开沙滩。走之前，梅多还跟那个刚刚认识的小朋友约定下午一起堆沙子。

让宝贝们学会欣赏美，分享美，是爸爸妈妈们应该教给宝贝们的智慧和美德。不论是在家里还是在学校，爸爸妈妈们都应该鼓励宝贝多学会分享。宝贝们一旦有了分享行为时，我们就要及时鼓励、赞许、奖励，以外部激励的方法来强化宝贝的分享行为，让宝贝们充分体验给予及被给予带来的快乐和满足。这样，对于全面提高宝贝们的素质，将来做一个有利于社会的人都具有深远的意义。

其实宝贝们结交朋友非常简单。但是现在的城市生活，缺失了这样的环境，大家回到家里，便"铜墙铁壁"起来。邻里之间，很少有沟通和交流，更别说宝贝们了。这也是我为什么愿意多带宝贝出去走走的原因。其实去哪儿不重要，重要的是在去的路上、在玩的过程中，宝贝能够得到启发，受到教育。这些知识，是书本上永远学不到的。

3 大海，我们的游乐天堂

　　刚回到酒店，梅多就急着问我什么时候可以去堆沙子、捡贝壳。

　　我说："中午太阳太大了，我们下午再去。会有好多小朋友，我们还要去搭帐篷。"

　　带着宝贝们吃完早餐，因为决定晚上带宝贝们在海滩露营，我又领着宝贝们去超市买了一些零食和日用品，以及救生圈、防晒露、饮料、蚊香、野营灯等必备的东西。

　　宝贝们为了玩得开心，十分主动地帮助我准备。

　　宝贝们今天起得早，我便让宝贝们又睡了一下。

　　三亚的天气实在是太热了，窗外暑气逼人。一直等到下午三点多钟，天气稍微凉爽一些，我才带着涵奕和梅多来到海滩。

赤脚踩在沙滩上依然烫脚，我让宝贝们穿上鞋子，然后把行李带到遮阳伞下面安置好。

此时的海滩，依然暑气未退，但跟早上的沙滩已完全不一样。海边已经有很多的人在游泳。

我先给涵奕和梅多涂上防晒霜，然后让他们穿好泳衣，才带他们下海玩水。

刚到海边，梅多还十分害怕，甚至不敢下水，我便陪着宝贝们在极浅的海边玩耍。

忽然一个小浪打过来，将梅多推翻了。不过梅多似乎觉得很好玩，反而勇敢了一些，自己爬了起来。

涵奕想到深一点的地方去玩，我便有些犯难了。既要照顾梅多，不能离开，可又不能不陪涵奕去游泳，毕竟好不容易才带他来一次大海。

正在此时，早上遇见的那个妈妈也带着女儿过来了，梅多有伴了。我将梅多交给那位妈妈代为照看，然后给涵奕套上救生圈，带着他一起向水深一点的地方游去。

"爸爸，为什么大海那么大？"

"因为海纳百川啊。"

"那为什么海能纳百川呢？"

"因为大海处在海拔最低处，所有海拔高的河流的水都会从高处流入最低的海。"

我接着反问涵奕："你知道为什么谦虚的人能够取得好成绩？"

涵奕摇摇头。

我告诉他说："因为谦虚的人就像大海一样啊，它不骄傲，它向各条河流学习。所以你也要做一个像大海一样的男子汉，好不好？"

"好！"涵奕和我击掌。

这个时候我们来到了相对水较深的地方，恰好一个大浪打过来，把涵奕的游泳圈打翻了，涵奕扑腾了几下，被呛到了。我被吓坏了，赶紧拉回涵奕，帮他套好救生圈。

涵奕吐了几口水，若无其事地说："这水真咸啊。"

"你不怕大浪？"我问涵奕。

"不怕。"

"为什么不怕？"

"因为爸爸你在我身边呀。"

涵奕的回答让我非常开心。也就是在那一刹那间，我感觉宝贝已经长大了。

大海是孩子们都向往的一个地方。虽然不一定都喜欢下海，但一定会喜欢玩沙，喜欢捡贝壳。

我和涵奕游了几圈回来时，梅多跟那个小姐姐正在浅水中嬉戏，两个人玩得不亦乐乎。我提议几个小朋友一起堆沙子，大家很快便围了过来。

"我们来堆一个城堡，好不好？"涵奕提议道。

大家一致赞同。涵奕马上跑到遮阳伞边，拿来了堆沙子用的小塑料桶、小铲子等工具。梅多负责堆小山，涵奕负责堆房子，大家商定好之后，便分工忙乎起来了。

梅多蹲在沙滩上，小手抓了一把沙子又一把沙子，然后将它们聚集在一起，可是沙子堆上去立刻又流了下来，怎么堆都堆不高。

我提示梅多："我们在沙上浇点水，再试试怎么样呢？"

我用小桶给梅多提了一些水，浇在她堆的小山上，结果还是一样，堆不起大山来。

但是梅多还是很认真地一铲子一铲子地往上垒。我鼓励梅多不要气馁，然后在一旁一边垒一边浇水，不一会儿，一座大山就显现出来了。

看着我堆起的沙山，梅多忽然拿着铲子，开始不停地铲，肆意要破坏。她一边铲一边说："看我的。"梅多可爱的样子，惹得周围的人都笑了。

涵奕像个小建筑师一样，一直静静地堆着他的房子。尽管堆得不是很高，但却有模有样的。

突然，梅多一个没站稳，一屁股就坐在了哥哥堆的房子上。涵奕的房子，一下子被坐为平地了。

看到自己的辛勤劳动被毁了，涵奕生气了，便往妹妹身上扔沙子，还推了梅多一把。梅多摔倒在沙滩上委屈地哭了。

我将梅多拉起来，一边清理她身上的沙子，一边安慰："宝贝，不哭，不哭，一会儿爸爸和你一起堆山好不好？"

梅多没有理会我，还是哭着。我拉着梅多的手，往沙滩边走，却不小心一个趔趄，一屁股坐在了自己刚才堆好的沙山上，梅多看我这个样子，一下子破涕为笑。

"看，我的成果也跟你们的一样，没有了。我们重新开始堆，好不好？"

我又走过去，蹲在涵奕面前说："你看，爸爸都会不小心摔跤，何况妹妹呢？妹妹年纪小，做哥哥的，是不是应该让着点呢？"

涵奕知道自己刚刚做得不对，低着头走过去拉着妹妹的手说："妹妹，我们一起再来堆一个。这回你帮我运沙子过来。我来建房子。"

一堆堆的沙子，在孩子们的手下被任意摆弄，尽情挥洒着他们的想象力。涵奕和梅多，还有刚认识的那个小姐姐，三个人你

来我往，玩得十分开心。

我在一边看着宝贝们，然后在附近刨了一个大洞，开玩笑地抱住梅多放到了洞里。

梅多蹲在洞里开心地叫道："哥哥，哥哥，你也进来。"

涵奕也跟着跳下去，兄妹两人挤在洞里，哈哈地大笑起来。

这样疯玩了一会儿，涵奕忽然说口渴了。

我将宝贝们抱出来，领他们回到遮阳伞下，吃点食物，补充水和能量。

涵奕"咕咚、咕咚"几下子，一瓶矿泉水便进肚子里了。水喝完了，瓶子便随手扔在沙滩上。

梅多吃完食物，抬头看了看，发现近处没有垃圾桶，也将掏空的食品袋丢在了旁边。

我走到梅多跟前，将她丢弃的垃圾捡起来，然后看着她的眼睛说："我们在学校的时候，老师怎么说的，垃圾可以随手丢弃吗？"

梅多知道自己做错了，低着头，不说话。过了一会儿，忽然低声对我说："爸爸，刚才是我不对，我去捡。"

我拉着梅多的手说："有担当，知错就改，还是好宝贝。"

涵奕在一边看到了，偷偷地溜过去，将刚才丢弃的矿泉水瓶捡起来，然后带往远处的垃圾桶。

而且，那天之后，每当我们在沙滩上溜达，只要遇到垃圾，兄妹两人都会悄悄地捡起来，然后丢到垃圾箱去。

太阳渐渐地收起了它的火辣辣，斜照在海面上，海面波光粼粼。夕阳挥洒下一片柔和的光芒，晚霞被渲染得五颜六色。大大小小的身影，沐浴着落日的余晖，背后留下一串串的脚印。

我左手拉着涵奕，右手拉着梅多，也在弯弯的海岸线上漫步，斜影拉得很长很长。

梅多忽然挣脱我的手，跳到哥哥的影子上："哈哈，我踩到哥哥了。"

看到自己的影子被妹妹踩了，涵奕也跳了起来，使劲地踩妹妹的影子。

"爸爸，为什么影子那么长？"

"因为我们的梅多长大了长高了啊。"

"才不是嘞，是太阳斜着照我们，爸爸骗人。"涵奕说。

我笑了，拿出相机，给宝贝们留下了一张珍贵的照片。

我和宝贝们一起踏着浪，唱着歌。我们唱《小螺号》，唱《外婆的澎湖湾》，虽然宝贝们经常唱走调，但他们依然唱得很开心。

唱着唱着，大海退潮了，很多的小贝壳露出来了，有圆的、尖的、扁圆的，各种各样，形态万千。

我提议说："我们来捡贝壳比赛，好不好？看谁捡得多，捡得漂亮。"

涵奕动作特别快，但是在捡到更加漂亮的贝壳后，就会把之前捡到的扔了。而梅多把见到的贝壳，不分大小，都捡了起来。因而不大一会儿，便捡了满满一小袋。

"爸爸，看我捡的，这个小小的，好可爱。"梅多拿着一个有纹理的海螺给我看。"爸爸，这些贝壳哪里来的？"

正好我捡到一只活的蛤蚌，我就给梅多解释说，贝壳就是它们留下的。

"它们去哪里了？不管贝壳了吗？"

我被梅多这突如其来的问题问倒了，我想了想说："它们去好远好远的地方了，它们把贝壳留在海边，让捡到它们的人照顾啊。"

"那爸爸，我们都捡回去，好不好？"

"好啊，但是你能照顾那么多吗？其他小朋友也想照顾它们呢，留一些给他们好不好？"

"好。"梅多爽快地回答。

潮水慢慢又涨起来了，可是涵奕在海滩转了一圈，手上却没捡到几个贝壳。

"涵奕，你的贝壳呢？"我轻声询问着。

涵奕支支吾吾的，说不上来理由。

我也不逼他，对他说："爸爸给你讲个故事。曾经在海边，有一个捡贝壳的小男孩儿。每捡到一只，他都认为不是最好看的，便随手扔掉了。黄昏来临，其他宝贝都捡了满满一篮子美丽的贝壳，而他却愁眉不展，篮子里空空的。你知道为什么吗？"

涵奕摇头。

我告诉涵奕说："因为他扔了，扔下他捡到的认为不够美丽的贝壳。每一个贝壳都是美丽的，唯一的，就像我们自己。你是爸爸妈妈唯一的男子汉，梅多是你唯一的妹妹，你舍得扔下爸爸妈妈和妹妹吗？"

涵奕点了点头，准备去捡回之前扔掉的贝壳。

我叫住涵奕，对他说，"不要去捡了，过去的就过去了，好好珍惜你手上现有的，这就足够了。"

喜欢探险、挑战是宝贝们，尤其是男孩子的天性。对这一天性，中国父母大多因为怕宝贝们受伤而予以制止，限制。其实过多地限制，将不利于宝贝们的成长。爸爸妈妈们应该在条件允许的范围内，在做好必要的安全保障下，尽量满足宝贝们探险的需求，让他们享受探险的乐趣，而不是提心吊胆地去扼杀。

以身作则是爸爸妈妈们最好的教育方式。爸爸妈妈的一些生活好习惯，都是宝贝学习的榜样。比如我们出门在外，要爱护公共环境卫生，只要爸爸妈妈们带好头，宝贝们一般都会做到最好的。

生活中其实蕴含着很多种美，这些美并不难追寻，只要我们学会珍惜，并用心去体验，用心去感受。就像捡贝壳，只要去捡了，就一定会有惊奇的发现。宝贝们也许一时还领悟不了这些，但长期熏陶下去，总会懂的。

4 夜宿海滩

"宝贝们，今晚我们就住在海边，好不好？"

两个小家伙听我说要住在海边，兴奋得不得了。

"住哪里呢？"

"住在帐篷里啊。我们现在就开始搭帐篷，太阳一会儿就下山了，你们来给爸爸帮忙。"

对于搭帐篷，涵奕和梅多其实并不陌生，因为在家的时候，他们也经常搭迷你小帐篷玩。听我说要在海边搭帐篷，涵奕赶紧去拿帐篷包。

这个帐篷包是我旅行携带的，当然要比宝贝们在家玩的那个要大很多，而且也重很多。

"爸爸，我提不动，你来帮我。"涵奕叫道。

"来，你抓住这边，"我让涵奕抓住轻的一边，"我弄这边，我们一起用力。"在父子俩的合作下，我们顺利地把帐篷包抬了出来。

梅多也要来帮忙，但是她太小了，几乎帮不上什么。不过，我依然热情地招呼着梅多。

就在我们开始动手的时候，沙滩上已经搭起了几顶漂亮的帐篷。有好些个小朋友，围着这些帐篷玩。

几个年纪稍微大点的小女孩走过来，问梅多："你叫什么名字啊？"

"我叫梅多，你们在干吗？"

"我们在捡贝壳呢。"

"我能和你们一起玩吗？我答应给妈妈带好多贝壳，她有事没跟我们一起来。"

"好啊。"

梅多很快就和几个小女孩玩在了一起。

看到梅多和其他小朋友一起去捡贝壳，涵奕也想去了："爸爸，帐篷还要多久才能搭好啊，我也要和妹妹一起去捡贝壳。"

"很快就好了。你之前答应和爸爸一起搭帐篷的，现在要丢下爸爸一个人吗？"我故意生气地说道。

"不会，不会。"涵奕呵呵地说道。

"这才是爸爸的好帮手，做事有始有终，搭完帐篷，我们一起去捡贝壳。"

得到了我的夸奖，涵奕搭帐篷更勤快了。没多久，一个漂亮的大帐篷就搭好了。

太阳已经落下去了，海面一片漆黑，只有一阵阵的波浪声缓缓传来。海边帐篷里的灯都点上了，星星点点，十分的美丽。

玩了一下午了，大家都有些饿了。我和宝贝们吃完晚餐，才去参加沙滩篝火会。

篝火把这片海岸照得火红火红的。一群人在篝火边欢歌笑语，好不热闹。我拉着宝贝们的手，团团围坐到篝火附近，然后安静地听三亚当地人唱民歌，看他们跳地方特色舞，掌声一阵一阵的。

后来轮到观众自发演出节目，我询问涵奕和梅多，愿不愿意上去演出。涵奕和梅多有些害羞，我鼓励他们说："我们在家演出的时候，大家都夸奖演得很好。今天跟爸爸一起上去，给大家展示一下，好不好？不怕，有爸爸在呢。"

看着我坚定的眼神，宝贝们终于鼓起勇气。上台之前，三人击掌，大喊加油！

我带着涵奕和梅多表演了他们的拿手好戏，引来阵阵掌声。看到大家的鼓励，涵奕和梅多都特别开心。还有很多小朋友走上前来，要和他们一起合照。

沙滩篝火会结束了。大家都钻进各自的帐篷，准备睡觉了。我和宝贝们也钻进我们的帐篷小天地里。

软软的沙滩被太阳晒了一天，热乎乎的，隔着帐篷透上来，特别舒服。我把帐篷的小窗户拉开，一轮明月挂在天空，特别皎洁。我们躺着，静静地看着天上的月亮。

月亮一会儿钻进云里面，一会儿又露出脸来。梅多突然指着月亮说："出来了，哥哥，你看，月亮又出来了。哥哥，月亮为什么要躲进云里面？"

涵奕不知道如何回答妹妹的奇怪问题，便伸手去挠妹妹。妹妹被挠得难受，一边扭着身子躲避，一边尖叫着，两人玩得不亦乐乎。

过了一会儿，梅多说要大便。我拿出手电筒，准备带着梅多去找厕所。

"涵奕，你在帐篷里面待着，哪儿也别去，爸爸和妹妹一会儿就回来。"交代完涵奕，我带着梅多向沙滩边的岗哨走去。

涵奕一个人，看着月亮，想起了妈妈，于是便拿起我的手机给妈妈打电话。涵奕跟妈妈分享了今天在海滩的快乐，还告诉妈妈自己现在在帐篷里面睡觉。

电话说完了，可是爸爸和妹妹还没回来。涵奕起来走到帐篷外面，发现四周静悄悄的，只有一些帐篷里偶尔发出笑声。海浪声哗哗地传来，涵奕感到有些害怕，大喊了起来："爸爸，你们在哪里！"好一会儿无人应答，涵奕便害怕地又退回到帐篷里。

十几分钟后，帐篷外边传来我和梅多说话的声音，涵奕顿时不害怕了，爬出帐篷来接我们："爸爸，你们怎么才回来，吓死我了。刚刚那边很黑很黑的，声音特别大。"

"怎么，胆小鬼，害怕了？"

"嗯。"涵奕低声地应着。

"那留你一个人在这，我跟妹妹回宾馆如何？"我吓唬道。

涵奕不许，在一旁的梅多嘲笑哥哥："哥哥是胆小鬼，哥哥是胆小鬼咯。"

"你才是胆小鬼，拉粑粑臭臭。"涵奕拌嘴道。

"好啦，好啦，不闹了，我们睡觉了。"

"爸爸，我要听故事。"梅多要求我讲故事。

我便搂着梅多开始讲起了《海的女儿》，讲着讲着，宝贝们就不知不觉地睡着了。

海风越来越大了，有点凉，我拿出毯子轻轻地给涵奕和梅多盖好。又点好蚊香，然后看着两个睡熟的宝贝，我也迷迷糊糊睡着了。

静静的夜，只有海浪还在拍打着节奏。

半夜里，梅多突然大哭起来。

原来是一只小螃蟹爬进帐篷，用钳子夹了梅多的脚。

梅多被吓到了，一直哭个不停，不论我怎么安慰都没效果。梅多的眼泪哗哗地流着，就是要找妈妈。尽管也经常带宝贝们出门，但这样的情景，我还是第一次遇到，不禁有些手忙脚乱起来。

哭声把涵奕吵醒了。涵奕问我妹妹为什么哭，我告诉他原因。让我没想到的是，涵奕像个男子汉一样，抓起地上的小螃蟹，又拿了一根小棍抽打起它来，他边打边骂螃蟹："叫你咬我妹妹，叫你咬我妹妹，敢不敢了？！"

涵奕滑稽的表情，逗得梅多笑了起来。

看到妹妹不哭了，涵奕抱着妹妹说："不怕，有哥哥呢，它不敢来了。"

我被涵奕的举动感动了，夸奖他说："梅多真幸福，有一个这么勇敢、这么爱护妹妹的好哥哥呢。"

宝贝们都开心地笑了。

　　生活是一本取之不尽的教科书，而夸奖永远是最有效的激励宝贝的办法。爸爸妈妈们要做一个有心人，循循善诱，让宝贝们多做，多说，多想，激励每个宝贝求进，赏识每个宝贝的才能。对他们好的行为和习惯，爸爸妈妈们不要吝啬自己的称赞，要多夸奖，多鼓励，使他们感受到由于自己的好表现和进步而带来的喜悦。

　　故事是宝贝们探知未知世界的窗口，是我们训练儿童语言表达能力的有效方法。爸爸妈妈们不管每日有多忙，都要抽出半个小时跟宝贝们说说话，或者讲讲故事。"动听的故事、优秀的图书具有强烈的感染性和直观性。儿童在文学知识和精彩图片的耳濡目染下，可以充分发挥他们的想象力和逻辑思维，从而增强儿童表达思想、表现世界的能力。"

8月20日　星期二　　　　晴

　　今天爸爸带我们去海边，我们看了日出，还游泳、堆沙子、捡贝壳，玩得很开心。我和妹妹还认识了一个新朋友，我们一起玩水、拍照。爸爸说能分享的快乐，才是最大的快乐。

5 南湾猴岛的一天

第三天的行程安排，是带宝贝们去南湾猴岛看猕猴。

我们收起帐篷，回到酒店。刚吃过早餐，朋友的车便来了。这个朋友是宝贝们都熟悉的，所以见到叔叔，两个小宝贝特别兴奋，一路上都在讲述沙滩上的开心事。

两个小时后，我们来到了南湾猴岛。

南湾猴岛绿树葱葱，高大的椰树在海风的吹拂下，显得更加地秀丽迷人。这里有白浪翻扬的天然海滨浴场，有色彩斑斓的珊瑚礁群，不过最有趣的，还是岛上那2500多只猕猴。

我们来得正是时候，管理员叔叔正要给猴子们喂食物。

管理员叔叔的哨笛一响，成百上千的猴子满山树摇草动，有的连蹦带跳，有的腾跃秋千，眨眼工夫便集合完毕。猴子们一边争吃，一边"唧唧咕咕"地打闹，十分有趣。

在一旁看着的涵奕和梅多，开心得也跟猴子一样，手舞足蹈着。

岛上的一些猴子已被驯化，既可以为它们拍照，也可以和它们合影。但是，现在是猴子进食的时间，我决定先带着宝贝们去坐猴岛索道。

在索道上，南湾猴岛的漂亮风景可以一览无余。所以涵奕和梅多一直紧贴着玻璃窗，看着索道下面的美景，惊叹不已。

从索道上下来，已是午餐时间，朋友带我们一起来到一处渔排大排档，给涵奕和梅多端上了南湾渔周粥，这粥号称"天下第一粥"，清香扑鼻，所以两个宝贝吃得津津有味。

吃完饭，涵奕和梅多还是念念不忘小猴子。于是我们又返回到看猴子的地方。路上，我买了几袋花生和香蕉。

涵奕说："爸爸，猴子是不是特别喜欢吃香蕉啊？你看孙悟空就老吃香蕉。"

"那除了吃香蕉，猴子还喜欢吃什么？"

"桃子！仙桃，八千年才长出来的桃子。"涵奕得意地说，"不过，爸爸，八千年是不是太久了？"

朋友笑了："要成为仙桃，当然要时间久了。涵奕，你要不要炼成仙人？"

涵奕笑道："不要，我才不要成为仙人，我要成为变形金刚。"

我们边走边聊，很快就到了马戏表演的地方。只见一只小猴子骑在狗狗上跑来跑去，狗狗不耐烦了，把猴子摔了下来，令人捧腹。

后来又有小猴子骑车的表演。小猴子戴着红帽子，转了一圈又一圈，还能一只手骑车，一只手吃香蕉。有个戴绿帽子的小猴子偷懒不骑车，驯兽师把鞭子一举，那猴子就特别机灵地跳上车子骑了起来，可是当驯兽师头一转，它又调皮地停了下来。宝贝们被猴子的表演逗得哈哈大笑。

"爸爸，猴子喜不喜欢交朋友？"

"当然喜欢了，你喂它吃东西，它就会过来和你交朋友。"

涵奕不信，拿了一根香蕉举起来摇了摇，突然一只猴子扑了过来，伸手抢了涵奕的香蕉。涵奕又拿出一根香蕉，猴子们围上来。涵奕拿着香蕉在猴子面前摇一摇，就是不给，结果一只猴子呲牙咧嘴地大叫一声，扑了过来，吓得涵奕把手上的香蕉掉到了地上。

"猴子很聪明的，我们不能骗它。而且这样做会有危险。"我告诫涵奕。

梅多怕大猴子，不敢喂。我便剥了一根香蕉，握着她的手递

出去，一只小猴子很友好地接过了梅多的香蕉。

"爸爸，它吃我的香蕉了。"梅多显得很开心。

涵奕看到了也学着做，猴子们果然变得很有礼貌了。

"猴子跟人一样，我们不能骗它，要真诚对待。我们对它有礼貌，它也会对我们有礼貌。"我对宝贝们说。

喂完猴子，我带宝贝们去乘船。我们在大海上游玩了一圈后，来到了一个水塘边。

这里是钓鱼区，各种各样的鱼儿，在水中游来游去。我带着涵奕和梅多来到浅水区，开始钓鱼。

涵奕自己要了一个钓鱼竿。虽然池中的鱼很多，可是一条也不上钩，涵奕等得有些不耐烦了。

梅多蹲在我的身边，拿着饲料往水里扔，引来一大群鱼儿。

"鱼儿，鱼儿，快吃我的饵。"涵奕看到鱼来了，便着急地呼唤着鱼儿上他的钩。

"嘘——钓鱼不要大声说话，说话就吓跑了鱼儿了。"我对宝贝们说。

不一会儿我就钓上来一条大鱼。涵奕跑过来，抱着大鱼放进了桶里。

"爸爸，为什么我钓不上鱼？我俩换个鱼竿吧。"涵奕说。

"好，过来，你拿着，别动，等那个红色的浮标动了再拉。"我吩咐说。

涵奕性子有点急，没过两分钟，看到浮标仍没有动静，便拉了一下，结果正在鱼饵附近活动的鱼全被吓跑了。

五分钟后，我又钓上来一条小鱼。梅多接过小鱼，丢进了桶内。

这时涵奕说："爸爸，我到你那边钓吧。你那边鱼多呢。"

我笑笑说："宝贝呀，你要学爸爸，静静地等鱼儿，钓鱼要有耐心。来，再试一次。"

涵奕这回懂了，眼睛盯着浮标，安静地坐着。突然浮标有动静了，我提醒说："快拉。"涵奕用力一拽，果然一条鱼上钩了，我赶紧帮涵奕把鱼竿往回拽。

鱼儿终于钓上来了，涵奕抱着自己钓上的鱼儿，开心极了。

钓完鱼，我们来到旁边一个小的水池旁，里面养有很多的小虾。

梅多看到虾很兴奋，拿了渔网便捞了起来。虾在渔网里跳来跳去，梅多想要抓住它，结果一不小心就掉到了水池里。幸好水池并不深，梅多掉下去不仅没哭，反而在水里和鱼虾玩了起来。

涵奕看了，觉得好玩，也跳了进去。

虽然宝贝们在池子里把衣服裤子都弄湿了，手上、脸上、头发上也沾上了泥巴，但是他们的脸上都洋溢着幸福的快乐。

我们的三亚之行就在宝贝们的笑声中结束了。

　　很多动物是人类的好伙伴，比如我和宝贝们在家中就养有一只小狗和一只小猫。小动物们带给宝贝们的快乐，不是玩具所能代替的。所以爸爸妈妈们要正确教育宝贝和动物友好相处。爸爸妈妈们要培养宝贝的责任心、爱心，以及与动物交往的能力，培养儿童对家庭、社会和自然的热爱。这是当今宝贝所缺乏的。

8月21日　星期三　　　　晴

　　今天，叔叔带我们去看猴子。岛上的猴子很聪明，我和妹妹一起给猴子喂香蕉，然后跟猴子拍照。后来我们又去钓鱼，经过几次尝试，我也钓到了很多鱼。

第四站

**爸爸，
我们和草原有个约定**

1 呼伦贝尔 的由来

"我的心愿在天边，天边有一片辽阔的大草原。草原茫茫天地间，洁白的蒙古包撒落在河边；我的心爱在高山，高山深处是巍巍的大兴安。林海茫茫云雾间，矫健的雄鹰俯瞰着草原；呼伦贝尔大草原，白云朵朵飘在飘在我心间。呼伦贝尔大草原，我的心爱，我的思恋……"

乌兰托娅的《呼伦贝尔大草原》在车内荡漾着，车窗外已是满眼的绿色。我情不自禁地跟着哼唱起来。

梅多和涵奕听到我的歌声，捂住嘴笑道："爸爸，爸爸，你唱得好难听呀！"

我抱着梅多，边用下巴的胡茬蹭她的脸边说："爸爸的歌好不好听，好不好听？"

梅多被我的胡须蹭得痒痒的，假装投降地说好听好听。

涵奕也附和着说：“爸爸唱得真棒啊。”

看着两个宝贝开心的样子，我便鼓励宝贝们一起唱。这首歌我们在家的时候，就已十分熟练了，因为我和宝贝们有一个草原的约定：我们要躺在软软的草地上，一边晒着太阳，一边唱着歌……

不一会儿，“呼伦贝尔大草原”几个大字映入眼帘。汽车已经驶入大草原了，宝贝们被眼前这一望无际的草地吸引住了。

我趁机问道：“宝贝们，你们知道呼伦贝尔大草原吗？”

涵奕抢着回答道：“我知道，我知道，它是我国最完好的草原，水草丰美，被称为‘牧草王国’。”

我很惊奇涵奕会知道这个，便再考验他：“呼伦贝尔草原被称为‘四大草原之一’，你还知道其他三个吗？”

涵奕沉思着，嘴里嘟囔着：“四大草原，四大草原，那……那什么来着？”

梅多的注意力似乎不在这里，她只顾看窗外辽阔的草地和白云一样点缀的羊群。

我提示涵奕：“那——拉——”

“那拉提。”涵奕想起来了。

我趁机告诉他，我国的四大草原分别是呼伦贝尔、那拉提、潘帕斯和锡林郭勒。

然后我转身，用胳膊蹭了蹭梅多，亲切地问道："你们知道为什么叫'呼伦贝尔'吗？"

涵奕和梅多摇摇头。

"爸爸给你们讲一个故事，要认真听了喔。"我顿了顿说。

宝贝们一下子来了精神，聚精会神地望着我。

"传说，很久很久以前，草原上居住着一个勤劳勇敢的蒙古族部落。部落中有一对情侣，女的叫呼伦，能歌善舞，才貌出众；男的叫贝尔，力大无比，能骑马会射箭。他们和乡亲们无忧无虑地生活在这片水草丰美的草原上。但是，后来草原上风妖和沙魔横行，沙魔莽古斯带领狐兵狼将杀向草原，施展妖术抢走了呼伦姑娘，还吸干了草原的流水。没了水，牧草都枯了，牲畜也渴死了，草原处在深重的灾难之中。"

听到这，梅多很担心地问道："那怎么办，后来呢？"

我继续说道："为了挽救草原，救出呼伦姑娘，英雄贝尔日以继夜、长途跋涉，去寻找沙魔莽古斯。英雄贝尔找了很久都没找到，累得昏倒在地。幻觉中他看到，呼伦姑娘因为不屈服沙魔莽古斯的恶行，被沙魔莽古斯施展妖术变成了一朵沙日楞花，在风沙下遭受着煎熬。英雄贝尔醒来后，找到了沙日楞花，用壶中自己舍不得喝的水浇灌了花枝。呼伦姑娘恢复了人形，他俩紧紧地抱在一起，永不分离。"

宝贝们听到这里，紧张的神情放松了。

我又继续讲，同时辅以手势："但是沙魔莽古斯不肯罢休，又一次抢走了呼伦姑娘。为了挽救草原，呼伦姑娘设计拿到了沙魔莽古斯头上的神珠，然后把自己变成浩瀚的湖水，淹没了小妖。英雄贝尔经过英勇奋战，终于杀死了沙魔莽古斯。可是，他却再也找不到呼伦姑娘了。他悲痛欲绝，便跳进了湖中。顿时山崩地裂，天地之中，便形成了两个湖泊，一个是呼伦湖，一个是贝尔湖。湖水滋润了草原，草原上又充满了生机，羊群、牛群、马群在草原上奔跑，人们快乐地生活着。后来，人们为了感谢呼伦姑娘和英雄贝尔，就把这个草原取名为'呼伦贝尔'。"

我的故事刚刚讲完，涵奕和梅多便急急地催促我，"爸爸，快点带我们去看呼伦湖和贝尔湖吧，我们都有点等不及了。"

其实，旅行也是一种学习和教育。我常常在旅途中为宝贝们讲述相关的故事，这种形象的讲述，比课堂上的讲述，更能激发宝贝们的兴趣。

给宝贝们讲故事，不仅可以开阔宝贝们的视野，扩大知识面，促进想象力和思维力的发展，而且还可以陶冶宝贝们的性情，培养高尚的思想品德。

爸爸妈妈们讲故事的过程，其实也是宝贝们学习的过程。要善于运用不同的语气和手势，调动他们的各种学习器官，如眼睛、耳朵、鼻子、双手、大脑等，可使宝贝移情于境，增强故事的感染力。

2 圆圆的蒙古包

　　草原上，除了绿油油的牧草，奔腾撒欢的牛群、马群、羊群外，最吸引人的就是极具地方特色的蒙古包了。一个个洁白的蒙古包，就像是碧绿的大草原上，盛开的一朵朵美丽白花。

　　车在我们预订的蒙古包前停了下来，热心的主人一家早已在门口等候着我们。

　　主人大叔热情地帮我卸下行李。和蔼可亲的蒙古妈妈伸手要抱梅多下车，梅多道了声谢，说自己可以的，便纵身一跃从车上跳了下来。

　　梅多嘿嘿地笑了笑，蒙古妈妈拉起她的手，便进了蒙古包。

　　跟在后面的涵奕，问主人大叔："叔叔，为什么这些蒙古包都是白色的啊？"

　　主人大叔告诉涵奕说："蒙古族人认为白色为万物之母，代表纯洁高尚，所以，他们把蒙古包做成了白色。"

涵奕又问："为什么蒙古包都是圆柱形的？"

主人大叔摸摸涵奕的头，说："小朋友你可真是十万个为什么，来，叔叔告诉你。圆形的利用空间大，而且受阻力小，可以防止蒙古包被风刮跑。"主人大叔一边领涵奕进入蒙古包一边说，"你看，外面看着蒙古包不大，其实里面可宽敞了。"

蒙古包包身是圆柱形的，没有棱角。蒙古包的包顶是拱形的，跟包身形成一个坚固的整体，这样承受能力强，而且容易拆卸。别看蒙古包小，能容纳十几、二十几人休息呢。

主人大叔早已为我们准备了丰盛的午餐，烤羊肉、奶皮子、奶豆腐、马奶酒等，放了满满一桌子。

宝贝们看到一大桌的美食，开心极了。

梅多特别喜欢奶皮子，再加上一路颠簸，也确实饿了，便喝着牛奶吃了好几块。主人大叔拿出棕红的昭君酒举杯欢迎我，盛情难却，我也喝了起来。昭君酒醇美甘香，沁人心脾。

看到我们大人喝得很开心，涵奕闹着也要喝酒。我便问涵奕："知道昭君是谁吗？"

涵奕一副骄傲的样子，说："昭君酒都喝了，能不知道昭君吗？！"

涵奕随即为我们讲起了昭君和亲的故事。

喝着美酒，听着故事，我们在蒙古包里其乐无穷。

由于一路马不停蹄，太过于疲惫。中午我们便在蒙古包里美美地睡了一觉。到下午三四点的时候，主人大叔家的两个孩子，一男一女，十二三岁的样子，要去草原上赶羊。涵奕也要跟着去，于是我就让涵奕带着梅多也一起，正好四个孩子可以单独玩。

临出发前，我交代涵奕和梅多，必须把羊一个不落地赶回来。

涵奕和梅多非常愿意，兴奋地跟着哥哥姐姐出了门。

看到四个孩子蹦蹦跳跳的背影，我的心里有着说不出的欣慰。我带上相机，配上镜头，一路悄悄地跟随着他们。

路上，我听到涵奕在带头背诵诗歌："敕勒川，阴山下，天似穹庐，笼盖四野。天苍苍，野茫茫，风吹草低见牛羊。"

主人大叔的两个孩子把"风吹草低见牛羊"的"见"，读成"看见"的"见"，而涵奕则读成"现"，他们还为此争论起来。

牧民养殖的羊群，少的几百只，多的上万只。梅多一见到温顺的小羊，就想上前拥抱。

这时我看到主人大叔的儿子搂住一只小羊，给它套上了绳

子，然后交给了梅多。

梅多得到了一只小羊，高兴极了。她抱起小羊就走，可没走几步就不小心摔倒了。跟在身后的涵奕看到了，立马跟了上去，扶起了妹妹。

虽然涵奕在农村的时候赶过羊，但草原上的羊和农家圈养的羊相比，难照看得多了。

涵奕刚开始还有点狼狈，后来在主人大叔儿子的指挥下，也显得有模有样了。

两个男孩在羊群的两侧，两个女孩押后，他们挥舞着手中的鞭子，羊群有序地前进着。

我一边拍照，一边想，要不要过去给宝贝们讲《草原英雄小姐妹》的故事。犹豫了一下，我最终确定不去了，因为宝贝们小心翼翼、各司其职的样子，足以证明，他们已经是我的小英雄了。

爸爸心语

　　宝贝们是有思想，有解决问题能力的，即使他们解决得不好，爸爸妈妈也一定要放手让宝贝们自己去尝试，自己去成长。"手把手"教出来的是机械的"傀儡"，要让宝贝们去自我体会，自我修正，爸爸妈妈只在需要的时候，给予必要的帮助和指导，就足够了。要知道，放心、放手的教育方式，才是最佳和最有效的。

3 满天**星光**的草原之*夜*

夕阳如血，晚霞铺满了西边的天空，草原也被镀了一层暗红。羊群回圈了，牧羊的孩子们也都回来了。

我和宝贝们刚美美地吃过晚饭，主人大叔家的两个孩子便热情地邀请我们去参加篝火晚会。

"篝火晚会？有篝火晚会，太棒了，我们要参加。"梅多和涵奕开心极了，他们在蒙古包内手舞足蹈。

蒙古包外的空地上，不知何时已燃起了熊熊的篝火。燃着的木柴"滋滋"地响着，火苗在夜空跳跃着、扑闪着，铁架上的烤全羊"滋滋"地往外冒油，羊奶的香味四处飘散。穿着彩衣的牧民，围绕着篝火笑着舞着。

涵奕一边欢呼，一边问我："爸爸，草原上的叔叔们为什么要举办这个活动啊？"

我告诉他们说："篝火晚会是草原居民欢庆的一种传统形式。以前呀，人们是靠打猎为生，当捕获了很多猎物，大家就会架起篝火，一边烤着食物，一边喝着美酒，然后大家手拉手围着篝火跳舞，庆祝当天的收获，表达喜悦之情。"

涵奕点了点头，和梅多挤进人群当中去了。

篝火会上，先是有身穿蒙古族衣服的两位姑娘为大家表演舞蹈，接着悠扬的马头琴声响起，牧民们一个个围着篝火手拉着手跳起了舞蹈。

涵奕跃跃欲试，我便顺势拉起他的手，汇入了旋转的人群中。

梅多有些胆怯，便和主人大叔家的孩子一起，坐在篝火旁的桌子边，品尝甜美的奶食、醇厚清香的奶茶和香喷喷的烤全羊。

过了一会儿，一阵嘹亮的歌声响起，晚会进入了高潮，好客的牧人开始给客人献上洁白的哈达。

梅多受到牧民热情气氛的感召，也尝试着走进人群，和我们一起手拉着手，跳起了舞蹈。跳了一会儿，梅多附在我的耳边说："爸爸，这个晚会太好玩了，我都不舍得走了。"

篝火慢慢熄灭了，人群也散了。

宝贝们正玩得带劲呢，这会儿却不能再玩了，不免就有些

失望。

主人大叔看了，走过来拍拍宝贝们的肩膀，笑呵呵地用手往上指了指。

宝贝们抬头一看："哇，哇，哇——"

漆黑的天幕上，不知何时已经挂满了星星，那么多，那么亮，那么近。银河也清晰可见。我和宝贝们从未见过这么美、这么壮丽的星空。

梅多大叫起来："爸爸，好漂亮啊，满天满天的小星星呢。"

"是啊。"我和涵奕都看呆了。

草原四方开阔，没有大气污染和光污染，每颗星在深邃透彻的天幕映衬下，都显得格外地晶莹明亮。这是久居灯火璀璨的大城市的人们，所不能看到的美景。

我和宝贝们一边仰头欣赏，一边闻着草原的气息。

忽然，涵奕来了一句："天似穹庐，笼盖四野。"

大家都笑了起来。

我一边给宝贝们指示星座，一边给他们讲星星的故事。牛郎星和织女星的故事宝贝们早就知道了，他们便抢着和我一起讲。我还给他们讲北斗七星，讲猎户座，讲小熊星座、大熊星座……

梅多突然拉着我的手让我蹲下，然后附在我的耳边说："爸爸，好多好多的小星星啊，我想摘一颗带回家送给妈妈，妈妈太辛苦了，可以吗？"

那一刻，我突然醉了。

妻子的工作一直很忙，梅多在学校之外的大部分时间，都是由我陪伴的。尽管如此，她柔软的心底，依然时时刻刻惦记着妈妈。

我将梅多拉进了怀抱，紧紧地抱着她。

梅多的心灵就像美丽的星空一样，永远都是那样的美好，灿烂。

　　大自然是宝贝们最好的课堂、最大的乐园，宝贝们在大自然这个大课堂里不断探索、不断学习，可以增长无穷无尽的知识，更关键的是，可以度过一个充满阳光气息和泥土芬芳的童年。

　　生活处处是课堂，只要爸爸妈妈懂得把握时机，就能在轻松的氛围下把知识教给宝贝们。

9月14日 星期六　　晴

　　今天我们一起来到了草原，草原可真大呀，有很多小羊和马在草地上吃草。圆圆的蒙古包，很漂亮。我和妹妹跟着哥哥姐姐去牧羊，好有趣啊。晚上我们还参加了篝火晚会，看了满天的星星，真是太美了。

4 马背上的笑声

摔跤、赛马、射箭，是蒙古族的大节日——那达慕上的三大赛事。我们虽然错过了那达慕，但既然到了草原，当然要骑马了。

第二天，我便带着宝贝们来到马场，看到上百匹马拴在那儿，有棕色的、白色的，还有黑色的，一匹匹看上去都高大威武，正等着我们去驾驭呢。

涵奕和梅多虽然在游乐场骑了不少玩具马，真马倒还是第一次看见。

牧马人叔叔为我们讲了一些骑马的要领和注意事项，又给宝贝们穿上简单的护具后，带着我们去看马挑马。

梅多看到高大的骏马有些害怕，直往我的身后躲。

涵奕喜欢上一匹小白马，在牧马人叔叔的指导下，涵奕摸了摸小白马的脸。

看到马儿温顺服帖的样子，梅多也不再害怕了。她站在我的前面，小声地告诉我说："爸爸，我也想摸摸马的脸。"

我同意了梅多的请求，并鼓励她勇敢去尝试。

梅多蹑手蹑脚地走到小白马的跟前。看小白马在吃草，她便伸手去摸。马突然嘶叫了一下，梅多吓得差点摔个跟头。

我鼓励梅多说："不着急，慢慢来。"

牧马人叔叔也告诉梅多："不能在马吃东西的时候摸它，而且不能乱摸马的脸。"牧马人叔叔说完，便亲自带梅多去摸另外一匹马。

这匹马的性格要好多了，它温顺地低着头，任由梅多抚摸。牧马人叔叔还抱起梅多，让她去摸马的鬃毛。梅多一边摸，一边笑着说："马儿乖，马儿你真乖，等会儿我带你吃草去。"

我对宝贝们说："马是很有灵性的，对主人十分忠诚。"

涵奕突然说："是不是像《西游记》里的白龙马那样？"

我点点头，笑着说："何止白龙马，其他马都是。"我接着提起以前带宝贝们看的电影《战马》，里面讲述了一个男孩与一匹马之间非同寻常的友谊。

涵奕也记起了《战马》的内容，现在看到真实的马，马上觉得亲切起来。他又轻轻摸了摸马的脸，转头告诉我说："马的眼

睛特别有神。"

涵奕和梅多都还小，我也没怎么骑过马，所以我们三个都不可能纵马奔腾。于是我们先让牧马人叔叔为我们做演示。

牧马人叔叔纵身一跃，便跨上了一匹黑骏马。他将缰绳一拉，大喊一声"驾"，马鞭一响，黑骏马便四蹄生风，飞奔了出去。马场上扬起一路的灰尘。

看到牧马人叔叔在马上这么帅气威风，我和宝贝们都跃跃欲试。

虽然不可能让宝贝们感受骑马飞奔，但骑马走走还是可以的。于是，在牧马人叔叔的帮助下，涵奕跨上了他喜欢的那匹小白马。

一骑到马上，涵奕便死死地抓住马环说："爸爸，这马好高啊，我有点怕。"他立马想要下来。

我上前握住涵奕的手，望着他说："身为男子汉，这点都怕，以后怎么当将军？"

在我的鼓励下，涵奕挺直了腰。但是牧马人叔叔告诉他，不要挺直，应该微微前曲。牧马人叔叔告诉涵奕不要怕，抓稳了就行，随后牵着小白马走了起来。

刚开始，涵奕还是有点紧张，一点也不敢乱动。牧马人叔叔牵着小白马走了两圈后，涵奕神情放松下来，开始跟妹妹打招呼。梅多一脸羡慕又佩服地给哥哥鼓掌，我则拿出相机一个劲地给涵奕拍照。

又骑了两圈，涵奕胆子大起来，便跟我要求，想骑着马儿飞奔。

我在咨询过牧马人安全性的问题后，同意让牧马人叔叔带涵奕小跑一下。

牧马人叔叔轻松一跨，也坐上了涵奕的小白马，他轻轻一夹马臀，马儿便慢慢跑了起来。涵奕在马上轻轻颠簸，不住地惊呼，分不出是高兴还是害怕了。后来，在涵奕的要求下，牧马人叔叔又稍稍加快了一点速度。涵奕在马背上开心得直笑。

后来，我带着梅多，也试骑了一回。梅多既兴奋又害怕，央求我多骑了好几圈。

晚上吃饭的时候，我和宝贝们还有主人大叔一家进行了一个"马故事"大会，讲了很多关于马的故事。

我跟宝贝们说起千里马的故事，涵奕听完后，说他也要做千里马。

主人大叔竖起了大拇指说："好样的，以后有空就来叔叔这骑马。"

我告诉涵奕，要成为千里马，那就必须要努力学习，顽强拼搏。

　　有朋友说，骑马是高危险性动作，七八岁的小朋友并不适宜。其实他们不知，带宝贝到草原骑马，不仅仅是为了刺激，更是为了了解马，感悟马的精神。

　　这次旅行，涵奕和梅多所见所闻，或许很多他们还不能理解，但马的精神早已渗入了他们的脑海。将来他们再学到这些知识的时候，一定会感到非常的亲切。

　　很多事情看起来有些危险，但如果因为害怕而不去尝试，那就会错失很多乐趣。所以，我们要多鼓励宝贝们去体验，去尝试，胆量、勇气这些品质，是一点一滴克服锻炼出来的。

9月15日 星期日　　晴

　　今天我学会骑马了，开始的时候我还不敢骑，叔叔教给我方法后，我慢慢地试着骑了一会儿，哇，帅极了。我一下子就喜欢上骑马了。爸爸还给我们讲马的故事。今天我们过得很充实。

5 战胜沙魔

呼伦贝尔连同乌珠穆沁一带是我国最好的草原，干旱程度较低，草质好，产草量高。但近年来，因为气候越来越恶劣，加上长期不合理的开发和过度利用，呼伦贝尔草原已经出现了较为严重的破坏，特别是沙漠化现象越来越严重。

晚上，在宝贝们睡下后，我跟主人大叔商量，决定明天顺道带宝贝们去草原被破坏的地方实地感受一番，让他们亲眼看看大自然遭到破坏后的样子，给宝贝们灌输一下环保思想。

第三天吃完早餐，我们坐上主人大叔的车，先去到了贝尔湖。

蓝天碧水，马儿在湖边漫步饮水，我和宝贝们躺在草地上陶醉着。过了一会儿，我不经意地说："宝贝们，这么漂亮的景色是谁的功劳啊？"

涵奕马上接口："这是大自然的功劳。"

梅多点头附和哥哥。

"对，就是大自然的功劳！宝贝们，还记得'呼伦贝尔'这个名字的来由吗？"我问道。

涵奕记性很好，马上回答说："就是我们刚来的时候，爸爸讲的呼伦姑娘和英雄贝尔的故事。"

"对了。你们还记得他们为呼伦贝尔做了什么事吗？"我引导着宝贝们问。

"他们杀了魔鬼。"梅多回答。

"不是魔鬼，是沙魔。"涵奕纠正说。

梅多拌嘴说道："沙魔也是魔鬼，魔鬼，魔鬼，就是魔鬼。"

我劝阻梅多说："对，对，就是魔鬼。现在这里又出现了魔鬼，在破坏美丽的呼伦贝尔大草原。我们也去杀魔鬼，保护呼伦贝尔草原好不好？"

"在哪里，爸爸，魔鬼在哪里？"涵奕和梅多急切地问。

"走，跟爸爸走，爸爸带你们去！"看宝贝们都有了兴致，我感到很满意，就带着宝贝们再次上了主人大叔的车，一路向那个被沙漠化的地方赶去。

车向前开着，车后留下扬起的灰尘和深深的车辙。

梅多站在后座上，看着车后窗外，突然问道："爸爸，你看，车轮把草原的草都压没了。小草疼不疼啊？"

我被梅多这看似简单的问题问住了，不知该如何回答。因为，我如果回答不疼，下面要继续的行程就没有什么意义了，宝贝们可能会以为大自然可以肆意破坏；如果我回答疼，梅多必然会再问我为什么还在草原上开车，我又会无法回答。但是，我不能逃避这个问题，我必须给梅多一个满意的答案，这样我们这次的草原之行才算圆满。

经过将近一个小时的车程，主人大叔终于将我们带到一处被破坏的草地面前。

风吹草低见牛羊的场景不见了，展现在我们眼前的是一个接一个的土坑和沙丘。大部分地方是光秃秃的，偶尔才有一两株零星的杂草分布。

"爸爸，怎么到了沙漠里了？"涵奕问道。

"没有啊，咱们还在草原上。"我回答。

"草呢，爸爸？"梅多吃惊地问我。

"草被你看到的沙魔吃掉了啊。"我说。

"那我们去把沙魔杀了，救救小草吧。"梅多说道。

涵奕和梅多跑到沙丘边，使劲地用脚踩沙子。这跟之前在三亚沙滩玩沙子相比，完全是两种心态，我知道他们真的生气沙子把小草吞没了。

主人大叔从车上拿出事先准备的草苗和水，我们商量好了要教宝贝们在沙漠化的地方种植小草。

"宝贝们，快过来。要战胜'沙魔'，像你们那样跺沙子是不行的，唯一的办法是让小草重新长出来。我们现在就来比赛种草，种得越多，就能打败越多的'沙魔'喔。"我大声地喊道。

涵奕和梅多听到我的话，立马跑了回来。

"怎么种，爸爸？"涵奕问我。

"让叔叔教你。"

主人大叔先在有杂草的沙堆旁边洒了些水，然后小心翼翼地把草皮铺好。涵奕和梅多认真地看着，也学着种了起来。

一块，两块，三块……我们花了一下午时间，种了一大片。

虽然累得满头大汗，但是涵奕和梅多没有一点抱怨。当把一小块沙漠全铺上绿草后，涵奕和梅多都拍手叫道："这个沙魔被我们消灭了！"

我招呼累了的涵奕和梅多坐下来，喝点水休息一下。想起刚才两个小家伙为了战胜"沙魔"，这么不怕苦不怕累，我非常开心。

我抱起梅多："宝贝儿，你刚刚不是问爸爸草被车轮压住了疼不疼吗，爸爸现在告诉你答案。"

　　看涵奕也凑了过来，我说："车轮压在草上，草确实很疼。但是小草很坚韧，它们不怕这些疼，因为它们愿意暂时为我们服务，为我们提供一条路，等哪天我们不从这条路过的时候，小草就又长出来了。但是沙魔会把小草吞没了，小草就永远也长不出来了。而且沙魔要吞没的是整个草原，这才是小草最疼，最怕的。"

　　"那我们就阻止沙魔。"涵奕像个小英雄一样说道。

　　"真棒，我们刚刚种草就是在消灭沙魔。但是你们知道沙魔是怎么来的吗？"

　　宝贝们摇摇头，表示不知道。

　　"走，我带你们去看沙魔是怎么来的。"

　　主人大叔又开车带我们来到了一处滥垦乱挖的地方。

　　"看到没有，就是这些人把沙魔制造出来的。他们把草都挖没了，使沙土裸露在外，破坏了草地草皮，小草就再也长不出来了。"我解释道。

　　涵奕立马下了车，跑到一位滥挖草原植被的人面前，阻止他。涵奕是真的小英雄，我只是在车上说说，而他却下车行动了。环境的保护，就是需要涵奕这样的勇敢行动。

远远的，我听到涵奕对那个人说："别挖小草，小草也会很疼的……"那个人似乎慢慢被涵奕说服了，停止了滥挖的行为。

　　涵奕又跑去制止其他人，梅多见了，也下车去帮哥哥的忙。

　　我知道我这个行程的目的达到了。是啊，草也会疼，所以需要我们很好地疼爱它们，让它们健康茁壮地成长，为我们带来绿色，带来美丽。

　　回去的路上，我一直夸赞宝贝们："宝贝们，今天你们的表现特别棒。"

　　宝贝们听了我的夸奖，都开心地笑了。

　　从草原回来后，涵奕和梅多便在家里的小阳台上种上了一片小草。他们每天准时浇水，仔细呵护。我夸奖宝贝们是"呼伦"和"贝尔"，他俩说："我们要种出一片草原来……"

　　宝贝们会通过提出各种各样的问题，来表达自己的观点和情绪，以及对世界的好奇。爸爸妈妈们要对宝贝们有耐心，对于他们提出的问题积极回答，或者跟宝贝们一起寻找问题的答案。千万不要拿家长的架子打压宝贝们，或者因为问题不好回答就搪塞或回避宝贝们。

　　当今环境问题日益严重，宝贝们的环保意识应该从小培养。如何培养？引导式教育是个有效的方式。让宝贝们看到大自然的美好，同时看到大自然被破坏的情况，两相对比之后，宝贝们会更真切体会到保护环境的重要意义。

9月16日 星期一 多云

　　今天，叔叔带我们去草原看被破坏的草地，光秃秃的，很不好看。爸爸说，破坏草原的行为很不好，等我们回北京了，我们要自己种草，做个保护环境的小卫士。

第五站

**爸爸，
沙漠驼铃响叮当**

 攻克沙丘

一说到沙漠，不少人的脑海之中，便会浮现出沙海苍茫、驼铃悠长的美丽画面。神秘的沙漠，一直吸引着人们不断前往探寻和体验。

从内蒙古西南部准格尔旗的薛家湾镇出发，经过40分钟的车程，便有一望无际的沙漠映入眼幕。

"沙漠！爸爸，快看。"梅多在车内大声呼喊，兴奋的表情夸张至极。

我们这次来到的，是中国的第七大沙漠——库布其沙漠。库布其在蒙语里是"弓弦"的意思。

汽车在沙漠里飞速驰骋。漫漫黄沙，无边无际，各种各样的沙漠地形相继呈现在我们的眼前，新月形的沙丘链，罕见的垄沙，蜂窝状的连片沙丘……非同一般的感受和记忆，正在宝贝们

的脑海中形成。

我一边跟宝贝们欣赏窗外的美景，一边引导孩子们回忆与沙漠有关的诗词。在涵奕的带动、提示下，梅多也吟出了"大漠孤烟直，长河落日圆"的诗句。

涵奕扶着我的手臂，要我向前方望去："爸爸，你看，那个像不像海洋啊？"

我顺着涵奕的指向望去，金色的沙海在阳光的照射下，像流动的河流，波澜起伏。一座座形态各异的沙丘，像是茫茫大海之上的岛屿，仪态万方。我的心情随之开阔起来。

宝贝们一跳下车，便兴奋地向沙丘跑去。我在孩子们身后紧紧追随。

这里的气温很高，大约30℃，中午时更会升到50℃以上，紫外线尤其强。为了防止宝贝们晒伤，下车前我已经先让他们穿戴整齐，并给他们涂上了防晒霜。

沙丘看起来不高，但据说海拔有近150米。我问涵奕："有没有信心爬上去？"

涵奕握起拳头说："爸爸，这点小意思了，看我的。"说完就要往上冲。

我叫住涵奕："不要只顾着一个人爬啊，妹妹呢，怎么办？"

涵奕停下了脚步，朝我笑了笑："爸爸，我来拉着妹妹，我们大家一起爬到沙丘上面去。"

我点点头，把梅多的手递给了涵奕。

涵奕大声叫道："我们出发吧。"

看似简单的事情，做起来往往不是那么容易的。

金黄的沙子又松又软，我们每往上爬一步，差不多就又会往下滑半步。沙子也总是往鞋里灌。我们艰难地往前迈进着。还没爬多远，我们的鞋子里边就灌满了沙子，宝贝们也已经累得气喘吁吁。

涵奕忽然叫起来："爸爸，我们爬不动了。"

我抬头看去，涵奕脸上挂满汗珠，他一屁股坐在沙坡上，开始倾倒鞋中的沙子。而梅多也站在山坡上，气喘吁吁。

我追上前去，扶着梅多说："慢慢来，孩子们，不要急。我们休息一下再往上爬，一步一个脚印，一会儿就能爬上去了。"我又拍着涵奕的肩膀说："小男子汉，爸爸相信你能行。"

梅多听了，"咯咯"地笑起来。

涵奕没说话，穿上鞋子，转身拉起妹妹的手，继续往前走。

但宝贝们真的太累了，没爬几步，就又停了下来，梅多甚至有了打退堂鼓的意思。

梅多伸出双臂，要我抱着上去。我没有答应她，只是拉起她

和涵奕的手，一边鼓励他们登上沙丘就能看到最美的风景，一边继续向上爬。

我们一路互相打气，尽管爬得很慢，但一直没停歇。最后，我们终于爬到了沙丘的顶部。

大家瘫坐在沙丘顶上，一步都不愿意再挪了。

但我们的辛苦是值得的，此时呈现在我们眼前的景象，已与沙丘下所见，大为不同。

广袤无垠的沙漠，一眼望不到边。蓝天、白云、沙海在远处连成一片。一个驼队正在沙漠里慢慢移动着，"叮叮、当当"的驼铃声从风中传来。因为他们离我们很远，所以驼背上的人看起来斑斑点点，宛如甲壳虫一般。

眼前的景观，让我和宝贝们都深深震撼了。

涵奕拉着妹妹的手，望着远方说："你看，妹妹，沙漠真大呀。"

梅多回应着："是呀，哥哥，那边的人真小呀，跟小蚂蚁一样呢。"

其他游客们一拨一拨地爬了上来，又继续往前走去。

我和宝贝们也休息得差不多了。于是，我拉着孩子们，继续向下一个沙丘进发。

涵奕和梅多走走停停，虽然很累，但一路上都是欢呼和惊喜。

涵奕一直在照顾着妹妹，而梅多也一直在努力地跟随哥哥的步伐。

中途有好几次，两人都跌倒了，从沙坡上滚了下去。但我只是远远地看着。宝贝们自己的事情，应该先由宝贝们自己去解决，我只需在他们没办法或没力气解决的时候，过去协助就好。果然，过了一会儿，倒在沙坡下的两个小宝贝，各自又爬了起来。他们似乎交流了几句，便又搀扶着继续往上爬。

起起伏伏的沙丘，仿佛永远也走不到头。

一阵风吹过，沙子在空中飞舞，我们留下的脚印慢慢地都被沙浪抚平，不留一丝的痕迹。但我相信，这些脚印会深深地刻在他们的脑海中。

从宝贝们蹒跚学步起，就应该开始培养他们的忍耐力和适应环境的能力。因而，当宝贝们遇到困难的时候，我一般不会马上给予他们帮助，而是鼓励宝贝们自己去解决，在困难面前，不退缩，再多坚持一下，坚持就是胜利。

有的家长总是担心这担心那，宝贝们一有困难就立马施以援手，宝贝们一旦在新的环境中表现出不适应，就立马为宝贝们改变环境，而不去想办法让宝贝们适应环境。这样做其实是不利于宝贝们成长的。宝贝们终有一天要离开爸爸妈妈过自己的生活，如果我们不从小培养他们的适应力和忍耐力，以后在新的环境下，他们又如何能够快速地适应呢？

2 响沙湾的快乐滑沙

响沙湾恰似一轮漂亮的弯月，横亘在沙漠之中。因为独特的地势，一个绝妙的回音壁浑然天成。

天气晴朗的时候，很多人会在响沙湾滑沙。听说，沙舟从沙子上滑过，沙子便会发出"嗡嗡"的轰鸣声，非常神奇。

所以，我决定带宝贝们去亲自体验一番。

响沙湾沙丘高40米，宽80米，呈45度倾斜，坡面长约100米，险峻光滑。这里滑沙的人很多，游客们坐上沙舟，从沙丘上一个接一个地往下冲，惊叫声、笑声还有沙子的轰鸣声不绝于耳。

涵奕和梅多又新奇又害怕地看着，对沙子的轰鸣声充满了疑惑，梅多还不住地问我："爸爸，沙子也会唱歌吗？"

排了一会儿队我们才领取到沙舟。木质的滑板小小的，宛如一只精致的小船，难怪叫"沙舟"呢。

涵奕年龄较大，我决定先带着他滑。我跟工作人员问清滑沙的方法后，托他帮我照看一下梅多，然后牵着涵奕爬到滑道上方。涵奕小心翼翼地坐上了沙舟，我在他身后坐下，双腿向前，稳稳地夹着他，同时将双手向后插入沙中。

"准备好了吗？"我问涵奕。

"准备好了。"涵奕点头，但话语中还是有一丝紧张。

"出发了。"话未落音，我便带着涵奕滑了下去。

涵奕一个劲地尖叫，我分不清他是害怕还是觉得兴奋刺激。"嗡嗡"的轰鸣声在我们耳畔回响，而且随着下滑速度的加快，声音也越来越响，令我们惊异不已。

涵奕本来胆子就较大，滑过一次后就不紧张了，还直呼好玩。在又观摩了别人几次滑沙后，便要求自己独自滑沙。

我衡量了一下安全性，便同意了。我把滑沙的要领告诉涵奕，又叮嘱他注意安全后，就任涵奕自行玩滑沙去了。

我领回梅多，带着她走近去看哥哥滑沙。

只见涵奕勇敢地呼啸着俯冲了下去，梅多在我旁边欢呼着鼓起掌来。

"梅多，想不想玩滑沙？爸爸这回带着你滑好不好？"我问梅多。

梅多摇摇头，说什么也不敢。但我从她的眼神里，分明看到了向往。

我拉着梅多的手，不停地鼓励她。梅多却一直往我背后躲。

滑道上，还有几个跟梅多同龄的小朋友，在爸爸或妈妈的怀中玩滑沙。我便指着那些小朋友劝说梅多："你看，那些跟你同龄的小朋友都很勇敢呢，爸爸相信你也能行，我们一起滑好吗？"

梅多这才点头，愿意试一试。

但一到沙丘边，刚伸出一脚试探，细碎的黄沙便哗哗地流下去。见此情形，梅多又胆怯地收回了脚步，直往我的怀里退。

我又劝说了一会儿，梅多才肯跟我坐上了沙舟。我带着梅多顺着坡势飞速下滑，梅多害怕地闭上了眼睛。飞溅的沙粒打到脸上，梅多叫得更大声了。风声、轰鸣声伴随着我们。

终于到达了沙丘底部，惊险都过去了。

我让梅多睁开眼睛，向她竖起了大拇指，"梅多真棒，梅多真勇敢！"

梅多拍拍身上的沙子，回头望了望沙丘，然后对我说："爸爸，你过来，我想告诉你个小秘密。"

我把耳朵贴过去，梅多突然就在我的脸颊，狠狠地亲了

一口。

我正在诧异，梅多又伏在我的耳边轻声说：“爸爸，沙丘那么高，我怕。”顿了一顿，她又接着说，“但和爸爸在一起，我就不怕了。”

突然得到女儿的认可，我的心中一阵激动。

我抱起梅多，温柔地对她说：“爸爸就是你的大树，一辈子都会陪着你，保护你的。而且爸爸相信，我的宝贝们，永远都是好样的，勇敢的。”

我将梅多轻轻抛在了空中，她银铃般的笑声散播开来。

后来，我又带着梅多滑了几次。涵奕一个人根本就是玩疯了，要不是有时间限制，他肯定是不愿意下来的。

恐惧心理是人类的正常生理反应，任何人都会有害怕的时候，宝贝们更是如此。在惊险刺激的活动或无法预知的事物面前，宝贝们可能会感到害怕，进而退缩。如果爸爸妈妈放任不管，宝贝们的恐惧心理很可能就会一直留存在脑海中，进而不敢去面对。所以，爸爸妈妈们要担负起帮助宝贝战胜恐惧心理的责任，要做宝贝最坚实的依靠和后盾。

想要宝贝们从害怕变到不害怕是需要时间和过程的。任何人碰到陌生的环境和状况都要有一个适应的阶段，更何况是我们年幼的宝贝们。所以，爸爸妈妈们在这个时间，不能操之过急，应该采取得当的方法，耐心地去开导他们。比如让宝贝们多熟悉周围的状况，引起宝贝们对新环境、新状况的好奇心和兴趣，再找一些勇敢的参照，进而慢慢消除宝贝们的恐惧之心。总之，不可操之过急，要慢慢培养和适应。

3 沙尘暴来了

玩够了滑沙，我们便要为晚上的露营做准备了。

我在帐篷区找了一处地点，便和宝贝们一起动手搭起了帐篷。宝贝们现在对搭帐篷已经比较熟悉了，不一会儿，我们的帐篷就搭好了。

我刚铺上防潮垫，准备整理行李，忽然，天就暗了下来，起风了。

有人在叫："别是沙尘暴要来了吧。"

我急忙跑出帐篷，急切地呼唤还在外面玩沙的宝贝们赶紧躲进帐篷。

涵奕拉着梅多跑了回来，钻进了帐篷。然后我们一起动手，找出了四块钢钎，给帐篷加固。忙完了这些，我才发现大家的头上、脸上，满是黄沙，鼻子嘴巴里也都是。

梅多看着帐篷边上的行囊，突然抱着我的脖子说："爸爸，我想洗个脸。"

女儿的请求，让我有点为难。

因为是沙漠旅行，水对我们而言，是非常珍贵的。而且，我这次携带的水本就不多，除了饮用，基本没有多少富余。洗脸和刷牙这些事，都得尽量从简或省略。

正在我为难之际，一个黑影突然扑到了我们的帐篷上。

沙尘暴真的来了。

我们看到外面已经天昏地暗，风越来越大，漫天的风沙遮得整个天空灰蒙蒙的，其他帐篷都看不清楚了。

大风裹挟着沙粒，不停地扑打在我们的帐篷上，我们的帐篷被拍打得几乎变了形。

风"呼呼"的，风沙"扑扑"地打在帐篷上，又"哗啦、哗啦"地流下去，各种声音把梅多吓得不敢说话，她紧紧地抓着我的手，一直往我的怀里拱。涵奕也吓得不轻。他紧张地看着帐篷的扭曲变形，一脸的惊慌。

我把梅多和涵奕紧紧地抱在怀里，说："外面的风在逗我们玩呢，呵呵，我们不怕，也不用去理它。过一会儿，它觉得无趣了，就会自己离开的。"

梅多惊恐地看着我，点了点头。涵奕则望着帐篷，依然不说话。

我接着说："不管怎么样，爸爸都会和你们在一起的，对不对？"

宝贝们小声说："对，爸爸，我们都会在一起的。"

为了让宝贝们放松点，我决定给他们讲讲他们小时候的趣事。宝贝们第一次听到这些事情，觉得很有趣，时不时地嬉笑一下。慢慢地，他们对帐篷外疯狂的风沙不那么害怕了。

也许是下午滑沙滑累了，我讲着讲着，宝贝们相继睡着了。

风慢慢地停止了。幸好这场沙尘暴规模不大，也没持续多长时间。

我走出帐篷，开始准备晚餐。其他游客也慢慢地有了动静。

我先凉拌了三根黄瓜，然后开始煮方便面，并捎带煎了三个荷包蛋。

待一切收拾完毕，月牙儿已经在东边的沙丘上露出了身影。

我把宝贝们叫起来吃饭。由于水实在太少了，我只能用湿纸巾给宝贝们擦擦脸，擦擦手，然后让他们节约地用半瓶矿泉水漱漱口。

那晚，在小小的帐篷之内，我和宝贝们尽管满头满身黄沙，但却吃得很香，很温暖。

后来，宝贝们对我说，那天晚上的方便面，尽管略微带有沙土的味道，但却是一生中吃过的最好的方便面。因为在狂飙的沙尘暴面前，我们没有惧怕，始终紧紧地依偎在一起，不分不离。

　　在宝贝们因为某些状况而出现恐惧心理时，爸爸妈妈们首先要树立一个积极的榜样。只有爸爸妈妈勇敢坚强，才能给宝贝们创造一个有利于培养勇敢精神和坚强意志的环境。

　　转移注意力是让宝贝们克服恐惧心理的一个有效的方法。科学研究表明，人的精神在过度紧张和十分恐惧的时候，如果转移了他的注意力，就会使恐惧心理消失。所以，有些爸爸妈妈在宝贝们打针的时候，会让宝贝们看看窗外的鲜花，路上飞奔的汽车。当宝贝们的注意力转移到其他感兴趣的事物上去后，恐惧心理就会慢慢减弱。

　　除了转移注意力外，安慰法也是一个不错的选择。安慰，对宝贝们幼小的心灵来说是十分必要的，尤其是在宝贝们很恐惧的时候。例如，我们可以在宝贝们打针哭闹时，安慰他们说，听话，别害怕，打完后爸爸妈妈带你们去游乐园。无论是精神上的，还是物质上的安慰，都能对宝贝们起到一定的消除恐惧的作用。

10月12日 星期六　　　沙尘暴

　　今天我们第一次到沙漠，爸爸带我们去滑沙，可好玩了。刚开始我很怕，后来在爸爸的劝说下，也成功了。下午我们遇到了沙尘暴，吃了很多沙，不过，爸爸一直陪着我们，所以我和妹妹都不害怕。

4 骑骆驼

第二天，我决定带着宝贝们去体验骑骆驼。

涵奕说："爸爸，我见过骆驼呢，长得又高又大，背上有驼峰，在公园里吃草，露着大板牙。"他一边说，一边比画着，惹得梅多在边上笑个不停。

我们露营的地方没有骆驼，必须翻过一道山梁，去到骆驼场，才能在当地的牧民那里租到骆驼。我收拾好帐篷，领着宝贝们一脚深一脚浅地赶往骆驼场。

梅多刚开始的时候还走得好好的，可走着走着，就赖着不走了。她蹲在沙坡上，一边扭着身子，一边朝我呼唤："爸爸，抱我走嘛。"

因为还没走多远的路程，所以，我就假装没听见，带着涵奕继续往前走。

涵奕却说："爸爸，等等妹妹呀。"

我捏捏涵奕的手，低声说："走，没事的，等下你妹妹自己会追上我们的。"

果然，梅多见我们都不理睬她，只好继续自己走。她气喘吁吁地跑过来，拉着我的手说："爸爸，你也不等我。抱抱嘛，我累了。"

我看着梅多一脸的委屈，也假装很累的样子说："你看看，爸爸也好累啊，怎么样，你也抱着爸爸走，好不好，我的乖女儿？"

梅多撒娇着说："不好。我就要爸爸抱。"

我说："梅多，爸爸知道你跑得很快呢，这样吧，我们和哥哥一起跑，你追上我们的话，爸爸就抱你，好不好？"

梅多没有答话，只轻轻地点了点头。

然后我就带着涵奕在前面跑，梅多在后面追赶着。结果，在不知不觉中，我们就来到了骆驼场。

骆驼场上，一大群的骆驼正卧在沙地上休息呢。

梅多跑过来告诉我："爸爸，骆驼跟哥哥说的一样，可真大啊，脖子又粗又长，身上还有两座驼峰，真是威武。"

我们休息了一下，然后在领驼人的讲解下挑好了骆驼。我和梅多一匹，涵奕一匹。

涵奕在领驼人的帮助下，左脚一蹬，右腿一跨，便翻身上到了一只卧着的骆驼背上。他高兴地大叫起来："太好玩了，太好玩了。我骑到骆驼了！"

突然，一阵驼铃响起，涵奕也惊叫起来。原来是骆驼要起身了。

我嘱咐涵奕："身子向前倾，手握住驼鞍，不要怕。"

涵奕点点头。

骆驼先站起后腿，然后再站直前腿。骆驼站起来了，涵奕稳稳地升到了半空中。他居高临下地看着我和梅多，神气十足。

接着，我和梅多也顺利地骑上了骆驼。

驼队很快上齐了游客，骆驼们开始慢慢迈着长腿向前走，走得是那样悠然，那样傲慢。它们脖子上的铃铛发出一阵阵悦耳的声音。

无边无垠的沙漠，像一块巨大的金色地毯，柔美地起伏在蓝天白云下。我们骑在骆驼上，就像坐在一叶小舟上，在沙海中漫游。

梅多突然好奇地问我："爸爸，这个驼峰是做什么的呀？"

涵奕听了，也望过来。

我告诉宝贝们："驼峰是骆驼的命根，里面储存着水和脂

肪。所以骆驼才能在没有水和植物的沙漠里生存啊。"

我的话音刚落，梅多又问："爸爸，那我们人的驼峰在哪里？"

我一时语塞，不知怎么回答她。

正在这个时候，涵奕接话了："爸爸，我们人的驼峰，是不是就是大脑啊？你看我的大脑里面就藏有很多的东西呢。"

涵奕的创意回答让我十分惊喜。

过了一会儿，涵奕问我："爸爸，为什么我们走路那么难，而骆驼走路就那么容易呢？好像它们不怕沙子一样呀。"

我没有直接回答涵奕的问题，而是让他自己去仔细观察。

涵奕一会儿低头看自己的骆驼，一会儿看驼队前方的骆驼。仔细研究了一会儿，涵奕转过头跟我说："爸爸，是不是骆驼的蹄子大的缘故呀？我看它的蹄子都跟一个小船差不多了。"

梅多插嘴说："爸爸，我知道了，骆驼的脚大，都把沙子踏平了，所以它不怕呢。"

我点点头，给宝贝们解释说："骆驼的蹄子很大，厚厚的肉垫子踩在沙地上，走起来很稳妥，自然就不怕沙子了。"

然后我又给宝贝们讲，骆驼的耳朵里长着毛，眼睛也有浓密的长睫毛，这些可防风沙。骆驼好像是专为沙漠生的，人们叫它"沙漠之舟"。

驼队里的骆驼都很自觉，一匹跟着一匹的，后面骆驼的缰绳系在前面骆驼的木杆上，排成长长的队伍，这是沙漠里一道独特的风景。

　　欢乐的时间总是短暂的，终点到了。我和宝贝们的沙漠之旅也即将结束。

　　梅多和涵奕们依依不舍地跟沙漠告别。

　　回北京的路上，涵奕和梅多一个劲地问我："爸爸，我们下次还能再来沙漠玩吗？"

　　我回答他们："爸爸下次再带你们去一个新的地方玩，做更多有趣的事情。"

　　他们异口同声地问："爸爸，我们下次要去哪儿啊？"

　　我只笑不语，心想，是啊，下次，我们去哪儿？

　　风轻轻吹过了我的发梢，我听见了大自然的声音。

　　大自然还有好多好多的面貌没给宝贝们展示呢，只要梦还在路上，我和宝贝们就会一直向前，不停歇。

　　有些家长认为，对宝贝们放任自流，会不利于宝贝们的成长。但我不这样认为。在我看来，只要宝贝们的是非对错观没有问题，那么不妨给宝贝们更多的思考和活动空间。这样，更有利于宝贝们个性的发挥和自主地思考。宝贝们有时会产生一些奇思妙想，产生一些让人惊喜的创意。爸爸妈妈们不要轻易地去判定这些创意是否合理，应该引导宝贝们设想很多的可能，然后帮助宝贝们一一证实，或是一一否决，这样才可以加深宝贝们的印象，获得事物的真相。

　　在宝贝们的心灵深处，都有一种需要，就是希望自己是一个发现者、探究者和成功者。柏拉图说："好奇者，知识之门。"因为好奇，宝贝们会主动去探索丰富多彩的外部世界。这种接触和探索，不仅能丰富宝贝们的生活，还能让宝贝们获得更多的知识。

10月13日 星期日　　　晴

　　今天最开心的事情，就是爸爸带我们去骑骆驼了．沙漠里的骆驼可真多，它们长得又高又大，还有两个驼峰，爸爸说，它们的能量都存在那里．我喜欢沙漠，有点舍不得离开了．

图书在版编目（CIP）数据

爸爸去哪儿：一次没有妈妈的旅行 / 格桑著. -- 北京：中国华侨出版社，2014.1
ISBN 978-7-5113-4403-8

Ⅰ.①爸… Ⅱ.①格… Ⅲ. ①家庭教育 Ⅳ.①G78

中国版本图书馆CIP数据核字（2014）第022283号

● 爸爸去哪儿：一次没有妈妈的旅行

著　　者/格　桑
插画绘制/貓火火
出 版 人/方　　鸣
图书监制/刘　　峰
选题策划/小　　北
特约编辑/谭楚楚
责任编辑/付改兰
装帧设计/尚世视觉
版式设计/新兴工作室
经　　销/新华书店
开　　本/870mm×1280mm　1/32　印张/8　字数/128千字
印　　刷/小森印刷（北京）有限公司
版　　次/2014年4月第1版　2014年4月第1次印刷
书　　号/ISBN 978-7-5113-4403-8
定　　价/36.00元

中国华侨出版社　北京市朝阳区静安里26号通成达大厦三层　邮编：100028
法律顾问：陈鹰律师事务所
发 行 部：（010）82605959　传真：（010）82605930
网　　址：www.oveaschin.com
E - mail：oveaschin@sina.com
如果发现印装质量问题，影响阅读，请与印刷厂联系调换。